スタンフォード大学

夢をかなえる
集中講義

ティナ・シーリグ Tina Seelig

スタンフォード・テクノロジー・ベンチャーズ・プログラム
エグゼクティブ・ディレクター

高遠裕子：訳／三ツ松新：解説

InsightOut Get Ideas Out of Your Head and Into the World

CCCメディアハウス

Insight Out:
Get Ideas Out of Your Head and Into the World
by Tina Seelig

Published by arrangement with HarperOne,
an imprint of HarperCollins Publishers
through Japan UNI Agency, Inc., Tokyo

私のスーパーヒーロー、
マイケルへ

読者への手紙

何年か前のこと。『20歳のときに知っておきたかったこと』を出版した直後に連絡をくれた幼なじみの手紙を探そうと、古い箱に入った封筒の束をガサガサやっていると、自分宛てに書いた手紙が出てきました。それは三〇年ほど前、二〇歳の誕生日の直前に書いたものでした。罫線の入ったノートに綴られた文字を目にすると、当時のことが蘇ってきました。大きな夢をもっていたけれど、それを実現する方法がわからず、不安の方が大きかったあの頃。

手紙には、自分の可能性を伸ばして夢を実現するのがいかにむずかしいか、切実な思いが綴られていました。でも、うれしい驚きだったのは、世界に自分の居場所をつくるための講義をまとめた『20歳……』の内容が、まさに私自身が二〇歳のときに知っておきたかったことだったと確認できたことでした。手紙には、こんなことを書いていました。

来月には二〇歳になる。今頃は一人前の人間になっているはずだった。大人で、責任感があって、目的意識をもった人。でも、今はそれとはほど遠い。面白い人でありたいけれど、面白くはない。知的な人でありたいけど、そうとはいえない。自分が会いたいと思うような人でありたいけど、そうなっていない。……私の目標は分不相応に高過ぎるのだろうか。先に進む前に一度立ち止まらなければ。

読みながら、ずいぶん遠くに来たものだと感慨を深くしました。大人への旅をどこから始めればいいのかわからず、不安で仕方なかった二〇歳の頃から、回り道をしながらもこうして大人になり、やりがいのある仕事をしています。多くの若者がそうであるように、二〇代の私は、何か有意義なことをしたいと燃えていたものの、自分自身のエネルギーを持て余し、目標に向かってどう進めばいいのかわからずにいました。三〇年経った今ならわかります。こうありたいと思い描く未来にたどり着くには、三つのことが必要です。

第一に、起業家的な心構え。起業家は、チャンスは身のまわりにあふれていて、自分次第で運は拓けると考えます。ほとんどのルールは、こうしたほうがいいという推奨に過ぎず、絶対的なものだとは考えません。世の中の常識や思い込みは疑っていいのだと、自分自身に許可を出します。これらの教訓は、『20歳のときに知っておきたかったこと』にまとめました。本では、こんな風に書いています。

この本の物語で伝えたかったのは、快適な場所から離れ、失敗することをいとわず、不可能なことなどないと呑んでかかり、輝くためにあらゆるチャンスを活かすようにすれば、限りない可能性が広がる、ということでした。もちろん、こうした行動は、人生に混乱をもたらし、不安定にするものです。でも、それと同時に、自分では想像もできなかった場所に連れて行ってくれ、問題がじつはチャンスなのだと気づけるレンズを与えてくれます。何よりも、問題は解決できるのだという自信を与えてくれます。

第二に必要なのは、途中でぶつからざるをえない問題を解決し、チャンスを活かすためのツールです。これについては、第二弾の『未来を発明するためにいまできること』のテーマとして取り上げ、自分の内面と、外側の環境にある種を育てて、未来を発明する方法をお伝えしました。

観察力を磨いて知識を増やすこと、ばらばらのアイデアを結びつけ、組み合わせること、問題を捉え直すこと、最初に思いついた答えを乗り越えることによって想像力をふくらませれば、クリエイティビティを高めることができます。問題解決を促すような場を作るなど、ためらわずにアイデアを出せる環境を整え、イノベーションを最適化するチームを作り、実験を奨励する文化をはぐくめば、クリエイティブな成果は高まります。

第三に必要なのが、ひらめきを形にするための明確なロードマップです。それをまとめたのが、今まさにあなたが手にしているこの本です。

幸い、私はこうしたスキルをスタンフォード大学の学生に教えています。経営工学部の教授として、また起業研究の拠点である工学部所属のスタンフォード・テクノロジー・ベンチャーズ・プログラム（ＳＴＶＰ）の責任者として、若い人たちがチャンスを見つけ、それをつかめるように手助けするのが私の役目です。

ＳＴＶＰでは、学生がみずからキャリアを築き、組織に貢献し、充実した人生を送るために必要なスキルを養うことを目指し、正式な講座のほか、特別プログラム、世界各国の学生や大学と共同のワークショップを行なっています。ＳＴＶＰ内の壁に描かれたスローガンに、その理念が凝縮されています。

起業家は、およそ不可能と思える少ない資源で、想像をはるかに超えることを成し遂げる。

このメッセージが伝えているように、何も会社を興すことだけが起業家のやることではありません。何であれ、まずは始めること。それが起業家精神です。問題をチャンスと捉え、資源を生かしてアイデアを形にしていくわけですが、そのために必要な知識やスキル、姿勢を身につけなければなりません。これは、会社を興そうという人たちだけでなく、ロックバンドをつくって活動を始めようという人にも、世界一周の旅に出ようという人にも必要なものです。この本では、どんなものであれ、思いついたアイデアを実現するためのフレームワークを紹介しています。

これまでの本もそうでしたが、読者のみなさんをスタンフォード大学の私の教室にいざないます。ここに綴った言葉は、あなたの思考を刺激し、行動を促すことを意図しています。最初に全体的な概念を示し、つぎにそれを象徴する逸話を紹介します。また、私自身や学生の個人的な体験を披露し、概念と関連する研究も紹介したいと思います。事例の多くはシリコンバレーのイノベーターや起業家ですが、補完的に世界各国の事例を紹介しています。

各章の終わりには、その章で取り上げた概念をしっかり身につけるための課題を出しています。これはアイデアを行動に移すための踏み台であり、いい経験になるものなので、是非挑戦してください。何分間か頭で考える課題もあれば、本を離れて取り組んでもらう課題もあります。実験を繰り返すことで学んだことが身につく、と私は強く信じています。

自分から積極的に取り組もうとしなければ、身につくものではありません。
この本をどう使ったか、課題をやってみてどう感じたか、是非みなさんの声をtseelig@gmail.com宛てにお送りください。ツイッターは@tseeligです。

クリエイティビティ最高！

ティナ

スタンフォード大学 夢をかなえる集中講義 目次

序章

ひらめきを形に

カリフォルニアでは、刑務所に収監されている受刑者の六〇パーセント以上が、三年以内に刑務所に舞い戻るといわれます。再犯率の高さは、希望のなさとほぼイコールです。一〇年以上も刑務所で暮らす人が多いにもかかわらず、出所にあたって生活再建の方法が教えられることはありません。社会に出ても選択肢は限られ、厳しい偏見の目にさらされます。はっきりした社会復帰の道がないなか、将来を見通そうにも霧ばかりで何も見えない。当然のように、多くの人たちが再び犯罪に手を染め、刑務所に舞い戻ります。

この難題を何とかしようと立ちあがり、軌道に乗せた起業家がいます。クリス・レドリッツとベバリー・パレンティは、カリフォルニア州サン・クエンティンにある州立刑務所の受刑者を対象に、出所に備えた「ラスト・マイル・プログラム」を立ち上げました。その狙いは、ビジネスとテクノロジーの知識を習得させることで職業選択の幅を広げ、社会復帰を円滑に進めることにあります。

　ボランティアの協力のもと、四〇人を一組とする四人を相手に、さまざまな分野の専門家が週二回、半年間にわたって講義を行ない、書く力、話す力、コンピュータのスキルを身につけさせ、起業家精神を伝授します。受刑者は、テクノロジーを使って社会問題を解決する事業のアイデアを考え、事業計画を五分間で効果的に伝えるスキルを学びます。半年間のプログラムの最後には、企業経営者やほかの受刑者の前で実際にプレゼンテーションをします。

　これまでに発表された事業計画には、つぎのようなものがあります。薬物依存の人が薬物の代わりに健康的なトレーニングに夢中になることを目指した「フィットネス・モンキー」。受刑者を携帯用アプリの開発者として育成し、出所後に就業できることを目指した「テック・セイジ（テクノロジーの賢人）」。見た目の悪い（ファンキーな）野菜や果物を安く仕入れ、レストランに販売する「ファンキー・オニオン」などなど。

　何より大事なのは、受刑者自身が、自分は未来を切り拓くことのできる起業家だと考えるようになることです。

　これは、刑務所のなかだけの話ではありません。自分の殻に閉じこもり、誰かが行き先を示してくれないだろうかと嘆く必要などありません。世の中には、自分が思い描くように生きる自信がない人が大勢います。そうした人たちは、どこを目指せばいいのかわからず、障害をどうやって乗り越えればいいのかがわからない、と思い込んでいます。イノベーターとして自分の未来を切り拓こう、実現するもしないも自分次第だ、とは考えません。

―◆◆◆―

未来は自分自身の手で切り拓くことができる、という起業家精神を若い人たちに教えないのは、犯罪的な行為ではないかと私は思います。私たちは、一人ひとりが自分自身の人生を切り拓き、社会のさまざまな問題に立ち向かっていかねばなりません。そして、そのためには、アイデアを形にするための知識、スキル、心構えが必要です。

ところが現在の公教育では、イノベーションではなく暗記に重きが置かれています。生徒自身をヒーローに育てるのではなく、ヒーローについて学ばせることを重視しているのです。実社会でぶつかる問題には何通りもの解決策があるのに、学校ではたったひとつの正解しかない問題を解かせます。本来なら、社会で待ち受ける課題を克服し、チャンスを活かせるのだという自信をもたせたうえで、社会に送り出すべきではないでしょうか。

残念ながら、そうしたスキルは教えられるものではないと、多くの教育者が考えています。イノベーションや起業家精神といったものは生まれつきの才能であり、目や髪の色とおなじで変えられないと思い込んでいるのです。ですが、それは正しくありません。こうしたスキルは確実に身につけられるものです。どの年代の人にも起業家精神を教えることで、自分たちが望む社会をみずからつくれるようにすることは、私たちの当然の義務だと思います。

そこで疑問が湧いてきます。クリエイティビティや起業家精神は教えられるものではないと誤解されているのは、なぜでしょうか。私はこう考えます。用語が明確に定義されておらず、アイデアがひらめいてからそれを実現するまでのプロセスが見えないからではないか、と。

教えることにかけて、物理学や生物学、数学や音楽といった分野はかなり有利です。というのは、定義された専門用語やそれらの関係性を示す分類法があるため、必要なスキルを習得する方法がしっかりしているからです。力（F）と質量（M）と加速度（A）の定義や、それらの関係を示すF＝M×Aという方程式がなければ、自動車も飛行機も宇宙船も存在していないでしょう。定義の明確な用語と等式で基本原理を説明することができ、それを応用して、さまざまなものをつくり出すことができているのです。

一方、クリエイティブなプロセスについては、曖昧な言葉でなんとなく説明することでよしとされてきました。学校や企業で、「クリエイティビティとはどういうものか定義してください」というと、さまざまな答えが返ってきます。たいてい「私にとってクリエイティビティとは……」という言葉ではじまり、「枠にとらわれずに考えること（thinking outside the box）」だと締めくくるのが一般的です。その意味するところを突っ込んで尋ねても、だれもはっきりとは答えられません。

この「枠にとらわれない発想」というのは決まり文句になっていますが、じつは、この言葉にはもとになったクイズがあります。三行×三列に並んだ九つの点を、四本以下の直線の一筆書きですべて結びなさい、というクイズです。ひとつの方法として、点の周りにあるように思える枠をはみだした線を引くと解決します（下図）。だから、「枠にとらわれない発想」というわけです。

ジェイムズ・アダムスの代表作『メンタル・ブロックバスター』〈邦訳：プレジデント社〉では、これ以外の解決法がいくつも紹介されています。たとえば、紙をくしゃくしゃにしてどの点も貫通する一本の線を引く、地球を一周する大きな一本の線でどの点も貫通させる、一筆でどの点も貫通する極太のペンを使うなど。まさに、想像の上を行く発想です。

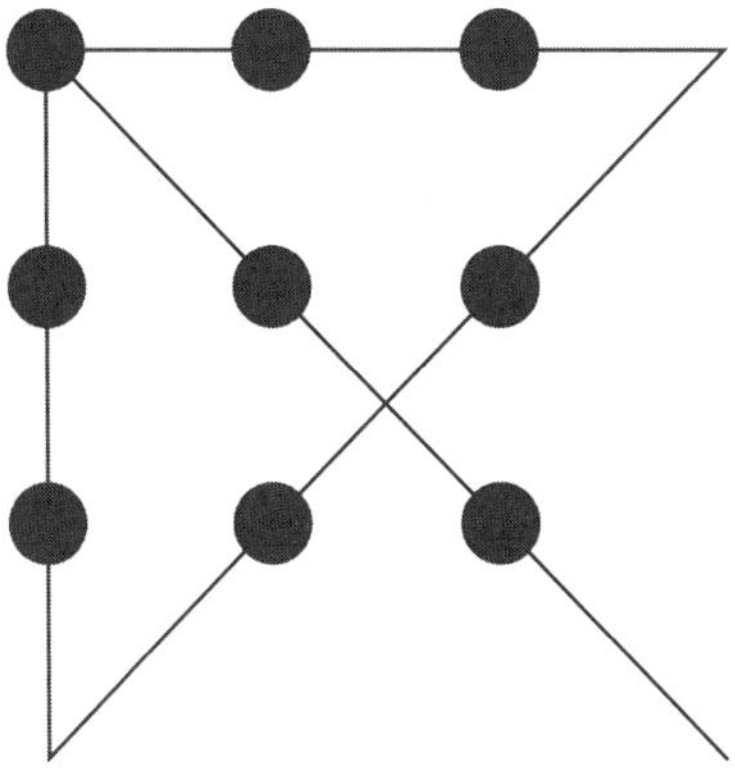

「枠にとらわれない発想」という表現を、その由来を知らずに決まり文句として使っている人は多いのですが、いかようにも解釈できるため、かえって意味をなさなくなっていま す。実際にクリエイティブであるためには、スキル、姿勢、行動が揃っていなくてはなりません。そして、それらは想像力、イノベーション、起業家精神と密接に関係しています。クリエイティビティを発揮するには、創造的・起業家的なプロセスのあらゆる側面をしっかりと定義することが必要です。決まり文句で終わっていてはダメなのです。

―◆◆◆―

正直に言うと、イノベーションや起業家精神に関連する用語を明確に定義してこなかったという意味では、私も他の人とおなじように責任があります。これまで「クリエイティビティとイノベーション」と題する講座で一〇年以上教えてきましたが、想像力、クリエイティビティ、イノベーションという言葉を、入れ替えが可能な言葉として使ってきました。問題を捉え直し、常識とされるものを疑い、アイデアをつなぎ合わせるスキルやツールについても教えてきましたが、それらを包括する大きな枠組み（フレームワーク）は持ち合わせていませんでした。

ですが、経験を重ねるにつれ、フレームワークこそ、この分野に欠けている大きなピースだと気づいたのです。しっかりした枠組みがなければ、創造的プロセスを一貫して突き進んでいくのに必要なスキルを教えたり、学んだりすることはできません。
この本の狙いは、クリエイティビティとは何か、起業家精神とは何か、わかっていることをまとめ、それらをだれでも再現できる形に定義することで、学んだり、教えたり、実践したりできるようにすることにあります。イノベーションと起業家精神は、個人やチーム、組織、そして社会全体のあらゆるレベルで必要とされる強力なツールです。このツールがあれば、私たち一人ひとりが責任とやる気をもって、組織を変革し、社会の喫緊の課題に取り組むことができるようになるはずです。

――◆◆◆――

アイデアを形にするまでのプロセスに必要なスキルには階層があります。はじめは「想像力」です。

想像力がクリエイティビティを生み、
クリエイティビティがイノベーションにつながり、
イノベーションが起業家精神を呼び起こす

これは、読み書きに喩えることができます。生まれたばかりの赤ちゃんは、意味のない音を発してコミュニケーションをとります。そのうち、音と音を組み合わせて意味ある言葉を発し、つぎに言葉と言葉をつなげて文章をつくり、いずれ文章と文章を組み合わせて物語をつくります。こうしてできた物語は、聴く人を動かします。

音 ↓ 言葉 ↓ 文章 ↓ 物語

だからこそ親や教師は、基礎的なスキルを身につけさせることに心を配ります。言葉の意味を教え、語彙を増やし、正しい文法を教え、読み書きができるようにするのです。クリエイティビティ、イノベーション、起業家精神を養ううえで何より求められているのは、こうした方法論です。

そこで私が提案したいのが「インベンション・サイクル」、つまり、ひらめきを形にするまでのサイクルです。これは、「想像力」を起点に「ク

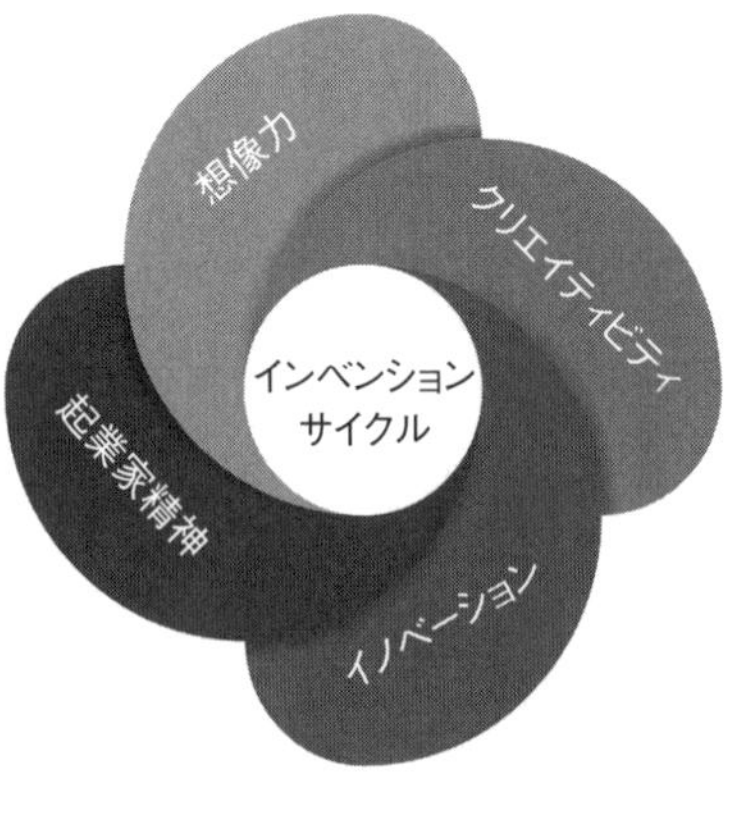

リエイティビティ」「イノベーション」を経て「起業家精神」を発揮するまでのプロセスを定義し、その関係を表したものです。図を見ると、最後の「起業家精神」まで行き着くと、はじめの「想像力」に戻ることがわかります。また、アイデアから実行までのプロセスを考えるときに、その都度すべてのステップをたどらなくていいよう近道が用意されています。

インベンション・サイクルを構成する四要素を定義すると、つぎのようになります。

・想像力……存在していないものをイメージする力
・クリエイティビティ……想像力を駆使して課題を解決する力
・イノベーション……クリエイティビティを発揮して独創的な解決策を編み出すこと
・起業家精神……イノベーションを活用してユニークなアイデアを形にし、ほかの人たちの想像力をかきたてること

それぞれ順番に見ていきましょう。

まず「想像力」とは、存在していないものをイメージする力です。そのために必要なのは、好奇心をもつこと、とにかくとことんやってみること、そして、頭のなかでアイデアを思い描くことです。これは自然に身につくスキルですが、実体験だけでなく仮想の体験

も大いに有効です。インプットは多様であるほどいいのです。旅をして、本を読み、食事をし、音楽を聴き、映画を見る。さまざまなものにふれるほど、想像力は豊かになります。

想像力から生まれたアイデアは自分のなかで温めておいてもいいし、他の人たちに伝えてもかまいません。たとえば私は、猫と鳥を掛けあわせた動物や、デザートを最初に出すコース料理といったアイデアを思いついたのですが、これを自分のなかにしまっておいてもいいし、今のように披露してもいいわけです。

つぎの「クリエイティビティ」は、想像力を駆使して課題を解決します。クリエイティブなアイデアは、具体的なニーズを満たし、社会のなかで目に見える形になっています。自分にとっては新しくても、他の人にとっては新しいアイデアではないかもしれません。想像力とクリエイティビティを区別することは、とても大切です。頭のなかに海辺の光景を思い浮かべるのは想像力、その光景を絵に描くのがクリエイティビティです。ソーラーカーをイメージするのは想像力、実際にソーラーカーをつくるのがクリエイティビティです。

ジョージア大学トランス・クリエイティブセンターのマーク・ランコとガレット・イエガーは、「クリエイティビティの標準的定義」と題する論文で、さまざまな学問的定義を検証しました。それによると、「クリエイティビティには、独自性と有効性の両方が必要である。独自性は必要不可欠だが、それだけでは十分ではない。独自性のあるものがクリエイティブであるには、実効性がなければならない」。また、この分野の第一人者であるケン・ロビンソン卿はこう指摘しています。「クリエイティブなアイデアは、全世界に対して独自性をもつ必要はない。自分にとって独自性があり、それ自体に価値が見出されればよい」

「イノベーション」とは、クリエイティビティを発揮してユニークな解決法を生みだすことです。革新的（イノベーティブ）なアイデアは、クリエイティブなアイデアと違って、それを生みだした本人だけでなく、世界全体にとっても斬新でなければなりません。そのために必要なのは、世の中を新鮮な目で見つめること、思い込みを疑うこと、状況を捉え直すこと、そして、ばらばらな分野のアイデアを結びつけることです。その結果として生まれる革新的なアイデアは、チャンスを掘り起こし、おなじ方法では対処できなかった課題に挑むことができます。

表面的には、クリエイティビティとの違いはわずかに思えるかもしれませんが、その違いは決定的に重要です。というのは、イノベーションは、日々の問題をクリエイティブに解決するよりはるか遠くを目指す必要があるからです。

企業は激しく変化する市場で競争に打ち勝つため、革新的なアイデアを求めて、イノベーションを追求しています。３Ｄプリンタ（一九八四年）、ウェブブラウザ（一九九〇年）、菌類からつくられた絶縁体（二〇〇七年）など、現代社会にはイノベーションがあふれています。数学、美術、音楽、料理……あらゆる分野、あらゆる活動でイノベーションは起こります。

そして「起業家精神」は、イノベーションを応用して、ユニークなアイデアを現実の形にし、それによってほかの人たちの想像力をかきたてます。イノベーションの事業化を目指す企業にとって起業家精神が必要なのは言うまでもありませんが、起業家のように考えることでむずかしい問題を解決していくという意味では、どんな活動にも必要なものです。起業家精神をもつ医師が新しい治療法を開発して患者の命を救い、起業家精神をもつ教育者が効果的な教授法を編み出して実践し、起業家精神のある政治家が画期的な法律を立案し、施行して社会問題を解決します。

イノベーションと起業家精神という言葉を混同し、イノベーションは社会に大きなインパクトを与えなければならないと主張する人が少なくありませんが、これは間違いです。混乱しやすいのですが、研究室やガレージから出ることなく終わった革新的アイデア――イノベーション――は少なくありません。事業化の目処が立たなかったり、資金が手当てできなかったり、文化的な障壁があったり、その理由はさまざまです。ただし、世に出るだけの勢いがなかったとしても、革新的であり、イノベーションであることに変わりありません。

インベンション・サイクルは正の循環です。

起業家は、事業を共に行なう人、資金を提供する人、出来上がった製品を購入する人など、多くの人の想像力を刺激することによって、自分のアイデアを表現します。これは新興企業にも既存企業にも、あらゆるイノベーションにとって有意義です。

製品であれ、サービスであれ、芸術作品であれ、新しいアイデアが実現されると、社会全体の想像力は豊かになります。iPhoneやクレヨン、台所のコンロですら、一種の道具として多くの人々の想像力を刺激し、可能性を開き、クリエイティビティを生み出していると言えるでしょう。

また、フットボールチームであれ、研究チームであれ、組織のリーダーは、志を同じくする人た

ちの想像力を刺激することができます。起業家精神が他の人たちに伝染して、新たな想像力をかきたてます。それによりクリエイティビティが発揮され、それがイノベーションを引き起こし、さらに起業家精神を呼び起こす……といった具合に、波のように伝わっていくのです。

インベンション・サイクルを使えば、そうした循環の経路を分解し、各段階に必要な行動や姿勢を説明することができます。それぞれを個別の段階と捉えることができ、つぎの段階に移る前に習得すべきスキルを絞り込むことができるのです。

各段階において必要な行動と姿勢は、つぎのとおりです。

- 想像力を豊かにするには……何かひとつのことにどっぷり浸かること、今あるものに代わるものを思い描けることが必要
- クリエイティビティを養うには……やる気を高めること、実験を繰り返しながら課題を解決しようとすることが必要
- イノベーションを起こすには……フォーカスすること、状況を捉え直してユニークな解決策を生みだすことが必要
- 起業家精神を養うには……粘り強く続けること、周りの人を巻き込むことが必要

これらがどうはたらくのか、具体例でみてみましょう。

スタンフォード大学バイオデザイン・イノベーションのフェロー、ケイト・ローゼンブルスは、病院内で何か月も神経学者と神経外科医の後を影のようについて回りました。医学部、工学部、経営学部などさまざまな分野の専門家とチームを組んで、医師や患者の要望や不満を掘り起こそうというのです。

「想像力」の段階では、解決すべき問題として、外来患者への対応、手術の際の課題など多岐にわたる問題を何百個もリストアップしました。病院に常駐してじっくり観察すると、それまで見落としていた改良すべき点にいくつも気づくことができたのです。

この過程でチームが衝撃を受けたのが、手の震えに悩む患者の多さでした。彼らはコーヒーカップを持ったり、シャツのボタンをとめたりといった日常動作にも苦労しています。アメリカには、震えの出る神経疾患を患う人は八〇〇万人もいて、薬では症状がほとんど緩和されないこともわかりました。もっとも効果的なのは、脳深部刺激療法（ＤＢＳ）です。これは、脳内の深部に刺激電極を置き、前胸部皮下に刺激発生装置を埋め込み、それらを皮下の連結ワイヤでつないで脳内を刺激する治療法ですが、高度な手術のため高額の費用がかかります。チームは徹底的にこの問題に取り組み、ＤＢＳに代わる方法がないか検討を重ねました。

「クリエイティビティ」の段階では、専門家と会い、文献を調べ、ＤＢＳに代わる方法を試しました。新たな治療法を試す一方、すでに行なわれている方法の改良にも取り組みました。

「イノベーション」の段階では、ある発見が、震えを抑える方法についての考え方を変えることになります。それは、既存の治療法がもっぱら脳の治療に焦点をあてているのに対し、患者にとっては、手や腕に表れた震えという症状をいかに抑えるかが切実な問題だということでした。それに気づいたことで、ケイトのチームは、手や腕の震えを抑える着脱式の装置を開発することになりました。これなら、薬の副作用や開頭手術のリスクなしで、症状を抑えることができます。

「起業家精神」の段階では、神経疾患の治療に効果があり、安全性が高く、割安な医療機器の開発・販売を行なうカラ・ヘルス社を立ち上げました。製品を市場に投入するまでには、いくつもの壁があります。人材を雇い、連邦食品医薬品局（ＦＤＡ）の承認を受け、必要な資金を調達し、製品を製造・販売しなくてはなりません。それには粘り強くやり続けることが必要です。そして、この会社に出資したい、一緒に働きたい、製品を買いたい、と思ってもらわなくてはなりません。

最初の製品開発に取り組んでいるあいだに、また新たな発見がありました。似たような方法を他の病気の治療に使えるのではないか、とひらめいたのです。ぐるっと一周して、「想像力」の段階に戻ってきたわけです。

ここで、重要な点を指摘しておきたいと思います。インベンション・サイクルを何度か経験すると、すべてのスキルをバランスの取れた形で活用できるようになります。フレームワークは必要なときに参照すればよく、使うほどに足場が固まります。

また、チームの全員がすべてのスキルをもっている必要はありません。ただし、チームとしては、すべてのスキルを網羅している必要があります。ひとつのことにどっぷり浸かり、今までにないものを思い描ける想像力をもった人材がいなければ、絶好のチャンスは訪れないでしょう。難題に挑む気概をもち、実験を繰り返して解決策を見つけようとするクリエイティブな人材がいなければ、日々の問題も解決されません。思い込みを疑い、問題を捉え直すことに集中するイノベーターがいなければ、斬新なアイデアは生まれてこないでしょう。そして、粘り強く取り組み、周りを巻き込む起業家がいなければ、イノベーションが日の目を見ることはないのです。

もうひとつ付け加えておきたいのは、クリエイティブなアイデアは、どんなタイプの起業家も実行することができる、ということです。新しいカフェを開くときも、バンドをはじめるときにも、クリエイティブなアイデアが実行されています。彼らは、イノベーション（クリエイティビティを発揮して独創的な解決策を編み出すこと）ではなく、クリエイティビティ（想像力を駆使して課題を解決する力）から直接アイデアを形にしているわけですが、これはいわば、インベンション・サイクルの近道をしていることになるのです。そのことに問題があるわけではありませんが、さらに進んで突き抜ける方法を思いつくチャンスは逃していると言えるかもしれません。

インベンション・サイクルは、デザイン思考やリーン・スタートアップといった、イノベーションや起業家精神に関するフレームワークを補完するものだと言えます。どちらも、個人、チーム、そして組織が、問題をどう定義し、解決策を考え、プロトタイプをつくり、フィードバックをもとにアイデアを繰り返すかに重点を置いています。足し算・引き算ができなければ代数や微積分の問題を解くことはできないのとおなじで、起業家的なものの考え方、姿勢を身につけ、方法論を学ばないことには、日々の問題に取り組むことはできません。まして製品を設計したり、事業を立ち上げたりすることはできないのです。

インベンション・サイクルが、どういう点でこれらのフレームワークを補強しているか、詳しくは最後の章で説明したいと思います。

―◆◆◆―

第1章からは、インベンション・サイクルを分解し、細かく検討したうえで、再度、組み立てていきます。全体は、想像力、クリエイティビティ、イノベーション、起業家精神の四つのパートに分かれ、それぞれ二つの章で構成されています。冒頭で事例を取り上げ、各章で具体的なスキルについて説明します。各章末には、スキルを身につけられるような課題を出してあります。

第Ⅰ部は、想像力を豊かにする方法です。何かひとつのことに没頭し、新しいものや、今までとは違ったものをイメージすることで想像力は豊かになります。まずは好奇心をもつことが鍵になります。それによって無数のチャンスの扉が開かれ、克服すべき課題が見つかり、代わりとなるアイデアをイメージできるようになります。

第Ⅱ部はクリエイティビティをテーマに、想像力を活かして独創的なアイデアを思いつく方法を検討します。課題に取り組むうえでは、何がなんでもやり遂げるという気概が大切であること、そして、思いついたアイデアは実験を繰り返し、改善を重ねることで完成形になることを述べていきます。この気概と実験は表裏一体の関係にあります。やる気があれば自然に試してみる気になり、実験の結果をみて、また、やる気に火がつくのです。

第Ⅲ部はイノベーションに焦点をあて、クリエイティビティを活かして革新的なアイデアや製品を生み出す方法をみていきます。このプロセスでは、的を絞ること、状況を捉え直すことが重要です。そのためには、心理的、知的、社会的な壁を乗り越え、さまざまな観点からチャンスに近づくことが求められます。

第Ⅳ部は起業家精神です。イノベーションを活かしてアイデアを実現し、周りの人々を刺激し、やる気を高めるプロセスをみていきます。この最後のステップでは、それまでの行動や姿勢をすべて網羅し、粘り強く取り組むこと、他の人たちを味方につけることが必要になります。

インベンション・サイクルは、想像力、クリエイティビティ、イノベーション、起業家精神の定義を明確にし、それらの関係を示す用語を揃えたフレームワークで、アイデアをひらめいてから形にするまでの道筋を明確にしています。そして、イノベーションを促し、革新的なアイデアを実現するにはどんな姿勢と行動が必要かをまとめています。インベンション・サイクルを理解し、必要な姿勢と行動を身につけ、実践すれば、より多くのチャンスに気づき、思い込みを疑い、ユニークなアイデアを思いつき、実行できるようになるはずです。これらのツールはとても強力で、みなさんが理想とする人生の道筋を描く助けになることでしょう。

課　題

自分自身に宛てて、将来こうありたいとか、こうしたいと思うことを手紙に書いてみましょう。自分にとってもっとも意味のある時期を選び、できるだけ具体的に書いてください。目的地に到達するまでの道筋を描けるようになるエクササイズです。手紙は第2章と最後に見直す機会があるので、肩の力を抜いて、下書きのつもりで書いてください。

第Ⅰ部

想像力

スコット・ハリソンの生活はすさんでいました。ナイトクラブのプロモーターとして、客を集めては泥酔させるという生活を一〇年以上続けていましたが、ある日、どうしようもなく惨めな気持ちに襲われます。自分は「がれきの山」を築いてきたのだとしか思えませんでした。スタンフォード大学での講演で、つぎのように語っています。

二八歳までに、夜の世界に付き物の悪行はやり尽くしました。毎日マルボロを二箱半吸い、酒は浴びるように飲みました。コカインやMDMAにも手を出しました。ギャンブルに狂い、ポルノに狂い、ストリップクラブ通いが止められない。一〇年もこんな生活を続けて、よくも真っ当な人間に戻れたものだと思います。

南米のプンタデルエステに滞在していたとき、突然、自覚したんです。僕は自分が知っている人間のなかでいちばん惨めで、そのうえ最低の人間だと。僕以上に自己中心的で、滅茶苦茶な人間はいない。何を残したかと言えば、パーティを開いては客を酔っぱらわせただけの人間としての評判しかない。僕は、あちこちにがれきの山をつくってきたのだと気づいたのです。

そんな生き方に嫌気が差したスコットは、すべてを変えなければという思いに駆られます。「いまとは一八〇度違う生活とは、どんなものだろう」——何週間もそう考えた末に行き着いた答えは、困った人たちを助ける、ということでした。

そこで、慈善団体をいくつもリストアップし、ボランティアとして働かせてほしいと頼みましたが、ことごとく断られます。およそ人のために汗を流せる人間には見えなかったのです。それでもめげずに門を叩き続け、ついに受け入れてくれる組織に巡り合います。世界の最貧国を病院船で巡回し、無料で医療サービスを提供する非営利組織（NPO）、マーシー・シップでした。旅費を本人が負担すればボランティアとして採用するといわれたスコットは、このチャンスに飛びつきました。

マーシー・シップでは、二週間を一クールとし、ボランティアの医師が外科手術や薬の処方を行ないます。スコットが乗船した船の行き先は、西アフリカのリベリア。フォトジャーナリストとして、医療サービスを受けた患者の話をまとめる仕事を任されました。この経験でスコットは、苦しむ人たちの世界をほんとうの意味で知ることになります。ひどい疾患に苦しむ人たちに数多く出会いましたが、その多くはバクテリアや寄生虫、下水などで汚染された飲料水が原因でした。スコットが撮った写真には、清潔な水が手に入らないために体を壊した若者や老人の悲惨な姿がありました。

この問題をなんとかしなければいけない、自分にできることは何だろう。考え抜いた末、ニューヨークに戻ったスコットは二〇〇六年、世界の八億人に清潔で安全な飲料水を届けることを目標に、ＮＰＯのチャリティー・ウォーターを設立します。クラブのプロモーターとして身につけたスキルを生かし、世界中の人々から支援を得るべく駆けずり回りました。有名企業の幹部も相次いで支援を約束し、彼らがその影響力を使ってさらに支援の輪を広げてくれました。チャリティー・ウォーターの戦略は単純明快です。地元の組織と相談しながら清潔な水が出そうな場所を探して井戸を掘り、雨水を貯めておく装置をつくり、砂や泥を濾過するシステムを構築していきます。

スコット・ハリソンの物語から学べる大切な教訓が二つあります。第一に、情熱は後からついてくるものであって、やってみるのが先だということです。実際に経験してみると、想像力が刺激され、自分はこうしたい、こうありたいといった最高のビジョンを描くことができるようになります。スコットの場合、慈善団体でのボランティアが天命だと思えたわけですが、そこに至るまでには何の予備知識もありませんでした。それは、誰しもおなじではないでしょうか。第二の教訓は、人生の舞台を決めるのは、私たち一人ひとりだということです。選択肢は無数にあり、どれを選ぶかは自分次第なのです。

物事を実現するには、自分が何を達成したいのかを思い描くことから始まります。第Ⅰ部では、「インベンション・サイクル」の第一段階である想像力について見ていきます。ひとつのことにどっぷり浸かって、ビジョンを描くことで、自分が創造したい未来を決められることを学びましょう。

第1章

どっぷり浸かる ―― 建物のなかに入る鍵

一枚の絵を三時間じっと見続けてください――ハーバード大学で美術史と建築史を教えるジェニファー・ロバーツ教授は、学生にこんな課題を出しました。これは大きな演習の一部で、学生はひとつの作品について集中的に学びます。本や雑誌などの二次資料にあたる前に本物を鑑賞することが大事とはいえ、三時間は痺れが切れそうな時間です。学生は当初、ひとつの作品にそんなに見るべきものがあるはずはないと反発します。ですが、三時間が終わると、「このプロセスで驚くほど可能性が開かれた」と納得します。

ロバーツは論文のなかで、ジョン・シングルトン・コプリーが一七六五年に描いた「リスと少年」という絵をじっくり観察した自身の体験を披露しています。

九分かかって、少年の耳の形がリスのおなかの輪郭とまったくおなじこと、そしてコプリーが動物と人間の体やそれぞれの感覚器官になんらかのつながりを持たせていることに気づいた。鎖を持っている指の長さが、その下の水の入ったグラスの直径とぴったりおなじだという事実を認識するのに二一分かかった。一見、不規則に見える背景のカーテンの襞やしわが少年の耳や目の形をそっくり写していて、まるで、これらの感覚器官がひとりでに背景に散らばったかのように描かれていることに気づくまでには、優に四五分が経過していた。

この演習が示しているのは、何かをちらっと眺めたくらいでは、ほんとうに見たことにはならない、ということです。これは五感すべてについて言えます。私たちは、聞いているようで、じっくり耳を傾けているわけではなく、触れているようで肌身で実感しているわけではなく、見ているようで何も見ていません。

この点に気づいてもらうために、私も学生に似たような課題を出したことがあります。一時間、何もしゃべらず、おなじ場所にじっとして、聞こえたこと、見えたことをすべて書き出してもらうのです。場所は問いません。通りを選んだ学生もいれば、森を選んだ学生もいます。なかには、キッチンのテーブルにじっと座っていた学生もいました。学生たちは、気づいたことをいくつも挙げました。その過程で、いつもはばたばたと慌ただしく過ごし、身のまわりの出来事を観察するチャンスを逃していることに気づきました。

このようにして観察力を磨く習慣は、日常生活に取り入れたほうがいい、という程度のものではありません。チャンスの扉を開く鍵になるものです。ひとつの世界に飛びこみ、そこにどっぷり浸かることによって、パターンに気づき、チャンスに気づき始めるのです。その好例として、車の乗り合いサービスで人々の交通手段を変えつつあるリフト社の創業物語を紹介しましょう。

すべての始まりはアフリカのジンバブエでした。休暇で旅をしていたローガン・グリーンは、渋滞のなか、ドライバーが道路脇に立つ人をつぎつぎと拾っているのに気づきました。小型車に一〇人くらいがすし詰めになっていますが、ヒッチハイクで車に乗ることができて、誰もが満足そうです。母国アメリカの道路事情とはあまりにも対照的な光景でした。アメリカでは、たいてい一人しか乗っていない通勤車で、いつも渋滞が起きています。ジンバブエと似たサービスを提供すれば流行るのではないか。そうひらめいたローガンは会社を設立し、ジンバブエとライド（乗る）をかけてジムライドと名づけました。

ジムライドの事業は、大学や企業を対象にしたカープールの手配から、携帯端末を使った相乗りサービスのプラットフォームの構築へと発展しました。社名はリフトに変更しましたが、ビジョンは最初から変わっていません。それは、アフリカの雑踏で乗り合いサービスを見かけ、じっくり観察したからこそ生まれたものでした。

情熱を傾けられるものを見つけようと、内へ内へとこもる人たちにはよく出会いますが、彼らには見落としていることがあります。行動してはじめて情熱が生まれるのであって、情熱があるから行動するわけではない、ということです。情熱は初めからあるわけではなく、経験から育っていくものです。バイオリンの演奏を聴いたことがなければクラシック音楽は楽しめないし、ボールを蹴ったことがなければサッカーはうまくなれません。卵を割ったことがなければ料理好きにはなれないのです。

冒頭で取り上げたスコット・ハリソンの物語を振り返ってみましょう。ハリソンは何十ものNPOに応募し、唯一受け入れてくれた組織の活動に参加しました。でも、どの組織にも参加する可能性はありました。じつは、どの組織かは関係なかったのです。

NPOの活動に関わるようになると、スコットは想像を絶する光景を目にし、疑問に思ったことをつぎつぎと質問するようになりました。リベリアでこれほど病人が多いのはなぜなのか、見たこともないような病気にかかっているのはなぜなのか、病気の原因は何なのか。

こうした疑問に対する答えから、水が原因の感染症であることがわかり、ではどうやってそれを解決すればいいのか、という新たな疑問が生まれました。この組織に飛びこまなければ、多くの人に清潔な水を届けたいという情熱をもつことはなかったでしょう。ひとつの活動に積極的に関わったことで、情熱がはぐくまれたのです。

情熱をはぐくむのに、最初は大それたことをする必要はありません。レストランのウェイターなら、日々、大勢の客とふれあう機会があり、ユニークな視点から世界を見ることができます。こうした経験からいくつもの教訓を学び、ひらめきが生まれるかもしれません。たとえば、効果的なサービスの秘訣を発見し、接客スキルを他の人に教えるにはどうすればいいかを考えるようになるかもしれません。食事制限の必要な客の要望を聞いているうちに、そうした客のニーズに応えるレストランを開こうと思う可能性もあるでしょう。客が糖尿病を患っていることがわかれば、糖尿病で気をつける食事を学び、それを生かすこともできます。

情熱は尽きることがありませんが、新たに情熱を傾けられるものに出会えたら、どの方向にも向けることができます。たとえば、顧客サービスに的を絞ると決めたとして、接客の達人になってもいいし、コンサルティング会社を立ち上げる道もあります。ドキュメンタリーを作ってもいいし、新しいレストランをオープンしてもいいのです。ただ言えるのは、最初にレストランのウェイターとしての経験がなければ、新たなやりがいを見つけることはない、ということです。どのケースでも、方向を決めて扉を開けると、存在すら知らなかった何通りもの道が開かれます。じつは、大義や天命といったものは、それまで無関心だったことである場合も多いのです。
人生のさまざまな側面に言えることですが、最初から好きになる一目惚れは滅多にないものです。人でも職業でも何かの課題でも、深く知れば知るほど、情熱をもち、のめり込むようになります。一目惚れの喩えをもう少し続けましょう。結婚したいのであれば、一番してはいけないのが、じっと座って電話が鳴るのを待っていることです。王子様やお姫様が迎えに来てくれるわけではありません。自分にぴったりの人を見つけるには、たくさんの人に会ってみるに限ります。デートして初めて愛情が湧いてくるもので、その逆ではありません。もちろん、最初は失敗したり、がっかりしたりすることもあるでしょう。でも、自分に合う人を見つけるというプロセスを大切にしないかぎり、うまくいくことはないのです。

―◆◆◆―

発見のもとになるのが好奇心です。好奇心が旺盛であれば、未知の世界に飛び込んで経験してみようと思います。埋もれた好奇心を引き出すのに、手っ取り早いのが質問です。自分が目にしたことを全て受け入れたり、意味がないと言って避けたりするのではなく、なんでも疑問をもってみましょう。
ウェイターの例でもう一度考えてみると、いくつも疑問が湧いてきます。昨日より今日のチップが多いのはなぜなのか、ある年代や性別の客が多いのはなぜなのか、メニューに載っている料理なのに一度も注文されたことがないのはなぜなのか。こうした疑問に答えていくと、新たな疑問が湧き、面白い発見があるかもしれません。好奇心という筋肉が鍛えられるのです。

『*Emotional Equations*（感情の方程式）』の著者チップ・コンリーは、好奇心は心に栄養を与える肥料だと言います。「好奇心は血管を流れる血液のようなもので、若さを保ち続けるのに欠かすことのできない前向きな感情である」

子どもは好奇心のかたまりで、質問を連発します。「どうして空は青いの？」「どうして水は濡れているの？」「どうして早く寝なくちゃいけないの？」。ここで「それは、そういうものなの！」と答えてしまうと、残念ながら子どもの好奇心の芽は摘まれてしまいます。ぞんざいに答えるのではなく、こうした質問を、子ども自身が答えを見つけるきっかけにすればいいのです（大人もおなじで、疑問をもったら自分自身で答えを見つけ、実験をしていきます）。たとえば、子どもに「どうして早く寝なくちゃいけないの？」と聞かれたら、寝る時間を変えたら体にどんな変化が表れるか、本人に観察させてみたらどうでしょう。子どもでも大人でも、疑問に思ったことに自分自身で答えていくとわくわくするものです。そして、それによって想像力も豊かになり、自信もつきます。

ペンシルヴァニア大学想像力研究所の科学部長のスコット・バリー・カウフマンは、知能とクリエイティビティの測定と開発に注目しています。「評価からひらめきへ（From Evaluation to Inspiration）」と題された最近の論文で、みずから好奇心を鍛え、刺激を受けることの重要性を説いています。

ひらめきによって自分にとってあたりまえの経験や限界を超えることができると、新たな可能性に気づく。何かひらめいたとき、それまで無関心だったものの可能性に気づき、自分の能力に関する認識が変わる。ひらめきは捉えにくいため見落とされている可能性がある。……だが、最近の研究で、活性化し、捕捉し、操作できるものであり、人生の大事な場面を大きく左右するものであることが示されている。

スコットはさらに、ひらめきを得やすくなるために自分でできることを挙げています。それは積極的に新しい経験をする、いつも前向きな姿勢でいる、お手本を身近にもっといったことであり、日々の生活のなかでのひらめきを意識することがとても大切です。好奇心をもったり、周りから刺激を受けたりするのは、自分で意識しさえすればできることです。こうした心構えを養うことによって、無限の可能性を開くことができるのです。

スタンフォード大学の同僚のビル・バーネットとデイヴ・エバンスは、「あなたの人生をデザインする」という講座で、若い学生の好奇心を引き出し、想像力を刺激しながら、目の前の可能性を活かし、評価するツールを教えています。授業では、学生がキャリアを捉えなおし、ビジョンを描けるツールを授けます。また、さまざまな分野の専門家を招き、その人ならではの経験談を話してもらいます。学生は話を聴くことで、可能性は無限大であることに気づきます。

そして最終課題では、今後五年の自分自身について、まったく異なる三通りのビジョンを描いてもらいます。学生は自分自身の手で未来を創造できること、どのビジョンを選ぶかは自分次第であることを学びます。また、ビジョンを掲げたとしても一直線に突き進むわけではなく、さまざまな経験を重ねるなかで、ビジョンを練り直し、複雑なステップを踏み、ダンスを踊るように進んでいくということを学ぶのです。

どっぷり浸かる ←→ ビジョンを描く

私の人生でも、スコット・ハリソンのように、方向転換しようと思ったことが何度もあります。どんな機会も新しい世界をのぞくチャンスだとわかっていたので、その都度いくつもの組織に応募し、そこで働く自分の姿を想像しました。研究所で働いている自分、企業のオフィスで働いている自分、教室で講義している自分、探査船に乗っている自分。どの可能性もあり、でした。

一六年前、スタンフォード大学工学部に創設されたばかりのスタンフォード・テクノロジー・ベンチャーズ・プログラム（ＳＴＶＰ）のアシスタント・ディレクターの募集要項をたまたま目にしました。興味をそそられましたが、応募要件を読んですぐにゴミ箱に捨てました。求められるキャリアより私はずっと多くの経験を積んでいましたし、報酬がとても低かったのです。

でも翌日、ゴミ箱からくしゃくしゃの紙を取り出し、しわを伸ばし、しげしげと眺めました。応募すればいいじゃない、それで傷つくことはないのだから。そう考え直しました。そして、面接を重ねるうちにどんどん魅力を感じ、幸い採用されました。地位は低いけれど、素晴らしい人たちと一緒にわくわくするような新規プロジェクトに取り組めることになったのです。

扉のなかに入った後は、起業とイノベーションに関するものは何でも貪欲に吸収しました。自分から進んで多くのプロジェクトに関わり、知識と経験を積み重ねていきました。学べば学ぶほどチャンスが巡ってきました。同僚と共同で新しい講座を立ち上げ、海外の組織との連携を強め、インターネットで講座を公開する仕組みをつくりました。こうした活動の成果を生かして、チームを拡大するための資金も調達しました。おかげでＳＴＶＰは今も成長を続けています。学んだことを活かして本も執筆し、その恩恵は多岐にわたっています。世界各国を訪問する機会にも恵まれました。自分たちのやってきたことを講演で話して、起業家プログラムの立ち上げを目指す人たちを応援することもできます。

じつは、こうした役割のうち、最初の募集要項に書かれていたものは何ひとつありません。長年、夢中でやり続けるうちに、生まれてきたものなのです。ロードマップを手渡してくれる人がいたわけでもなく、自分でつくるしかありませんでした。どんな仕事でもそうですが、何か仕事につくとき、その仕事だけを与えられているわけではなく、建物に入る鍵を渡されていると考えた方がいいと思います。どこへ行くかは自分次第なのです。

違う建物の鍵を渡されていたらどうなっていただろう、と考えることがよくあります。私に言えるのは、どの建物も可能性に満ちていて、発見されるのを待っている、ということです。いまスタンフォード大学のキャンパスを歩きながら、どの学部に所属していたとしても、私の想像力を刺激してくれただろうと思います。教育改革も気候変動も刺激的なテーマです。違う扉を開けていれば、今とはまるで違うけれど、おなじくらい刺激的な道が開けていたと思うのです。

長年かけて学んだのは、どんなことでも興味をもって取り組みさえすれば面白くなる、ということです。私は大学院を卒業してすぐに経営コンサルティング会社に就職し、二年間働きました。見習いの私は、自分の興味や経験とは関係なく、実働部隊を必要としているプロジェクトに配属されました。あるときは原子力発電所の建設プロジェクトに、あるときは通信インフラのプロジェクトに、またあるときは病院の経営陣の福利厚生プログラムの策定に携わりました。どのプロジェクトでも、白紙の状態で入り、その分野について猛勉強しました。何週間も経たないうちに、どの分野も興味深く、歴史や社会的なしがらみがあること、技術的な要求で複雑化していること、改善の余地がおおいにあることがわかりました。

こうして興味が芽生える過程は、映画を見たり、本を読んだりする経験に似ています。最初に登場する人物は、日常生活で出会う人たちとはかけ離れている場合がほとんどです。他の惑星から来た宇宙人だったり、滅多にない障害を抱えていたり、違う時代や違う場所に生きていたり、動物だったりします。でも、私たちはほどなく、その世界に入り込み、困難に立ち向かう主人公に共感し、その運命を見守るようになります。どんな分野でも、おなじことが言えます。その世界にどっぷり浸かれば興味が湧いてきて、面白くなればなるほどチャンスに気づくのです。

自分に何ができるのか――それを思い描くためにはまず、ひとつの世界にどっぷり浸かることが大切です。遠くからただ眺めるのではなく、自分から積極的に関わっていくのです。どっぷり浸かり、好奇心をもつことで、ぱっと見ただけではわからなかったことが見え、チャンスに気づきます。目標を見極め、それを達成したい、前に進みたいと思うなら、まずはひとつの世界に飛び込んで、じっくり腰を据えましょう。それによって、一瞬一瞬の経験が意識したものになります。するとパターンが見えてきて、チャンスに気づくことができます。人生に遅過ぎるということはありません。いつでもこの第一原則に戻ることができます。どんなことでも、みずから飛び込み、そこにどっぷり浸かること。それが扉を開くマスターキーなのです。

課題

1 カフェやオフィス、通り、公園、自宅。どこでもいいので、ひとつの場所で一時間じっくり静かに観察してみましょう。気づいたことをできるだけ多く挙げます。気づいたことの意味について考え、改善すべき点をできるだけ多く挙げましょう。

2 いま働いている人も、求人情報を見てみましょう。まったく違う仕事を三つ選びます。つぎに、その仕事で、求人票に書かれている職務内容からどんな将来が開ける可能性があるのか想像し、書き出してみましょう。

第2章

ビジョンを描く――世界があなたの舞台

レーシングカーの運転と想像力にはどんな関係があるでしょう。すべてにおいて関係があります。ジュリア・ランダウアーの場合は、確かにそう言えます。実際のレースに備え、膨大な時間をイメージトレーニングに充てているのです。過去の経験を踏まえ、カーブひとつひとつを細かく思い浮かべ、どんなコース取りをすればいいのかを考えます。完璧なレース展開を思い描き、先頭でゴールを切ったときの高揚感やインタビュー台に立ったときの歓声までイメージします。

ジュリアにとって、このように細部に至るまでイメージする行為がレースで勝利する鍵になっています。このスキルはスタンフォードの学生時代に習得したといいます。学生時代のジュリアは、ライバルにくらべてレースの出場機会が圧倒的に少なく、トレーニングでも後れを取っていると焦っていました。でも、それを言い訳にしないと決め、コースに出られない分、イメージトレーニングに集中することにしました。レースモードに入るための自分だけのマントラ（呪文）を考え、リラックスするための「引き金になる言葉」を編み出しました。

過去一二年間の経験をもとに、ひとつひとつのレースを細かくイメージしていたので、実際のレースに戻ったときに緊張することはなかったといいます。復帰してわずか二週間でシーズン初優勝を飾りました。ジュリアは、レース場で練習する時間があるときでもイメージトレーニングを欠かしません。レースの何日も前からイメージトレーニングを始め、頭のなかで何度も優勝したイメージをもって実際のレースに臨んでいます。

ジュリアが自動車レースに夢中になったのは、ニューヨークに住んでいた一〇歳のときでした。家族全員で楽しめ、姉妹しかいないジュリアたちが男の子とも遊べるスポーツとして両親が選んだのがゴーカートだったのです。二、三年もすると、ゴーカート場にいるのが何より楽しい時間になりました。順位を競うのが好きで、練習すれば一番になれることもわかりました。

ジュリアが一二歳のとき、ゴーカートではなく本物の自動車レースに出場した男の子の記事を読んで、対抗心がむくむくと湧いてきます。自分も本物のレースに参戦する――ジュリアは心に誓いました。ただ、当時はダッシュボードに隠れるくらい体が小さかったので、レースに出るには一年待たなければなりませんでした。そして初レースから一年後の一四歳で初優勝します。

ジュリアの物語は、さまざまな点で示唆に富んでいます。ひとつのことにどっぷり浸って初めて情熱に火がつく、という第1章のメッセージを再確認させてくれます。ジュリアがゴーカート場に足を踏み入れなければ、自動車レースこそ自分にぴったりのスポーツだと気づくことはなかったでしょう。そして、レースを経験した後も、その先のステップをどう描くかは本人次第でした。出場する大会で毎回優勝を目指すのか、プロのレースドライバーになるのか、道はいくらでもあったのです。

―◆◆◆―

スポーツ選手はみなイメージトレーニングを活用して、実際の競技に備えています。心理学者のアンジー・レヴァンがイメージトレーニングについてまとめたものを短く引用しましょう。

　メンタルリハーサルの一形態として知られるイメージトレーニングは、一九七〇年代にソ連がスポーツ競技に勝つために活用して以降、一般に広まった。いまでは、多くのアスリートがイメージトレーニングを取り入れている。タイガー・ウッズもそのひとりで、十代前半からイメージトレーニングをしてきた。ベテラン選手は、鮮明で詳細なイメージを描き、五感を総動員しながら競技の最初から最後までを頭のなかでリハーサルしている。メンタルリハーサルには、競技会場に関する知識も取り入れられる。

レヴァンは、ゴルフの帝王と呼ばれたジャック・ニクラウスのこんな言葉を引用しています。「たとえ練習でも、はっきりとしたイメージを持たないでボールを打ったことは一回もない」。ボクシングの重量級の王者だったモハメド・アリも、「パフォーマンスを上げるため、独自の方法でメンタルを鍛えた」といいます。アリが「私は偉大だ」と繰り返し唱え、自己暗示をかけていたことはよく知られています。

想像力を発揮するには、イメージする能力がとても大切ですが、残念ながら、歳を重ねるにつれ、イメージ力を鍛えることは奨励されなくなるようです。子ども時代を過ぎると、自分でお話をつくるのをやめ、他人のつくった話ばかり読むようになります。自分で絵を描いたり、粘土をこねたりするのをやめて、人の描いた絵や作品を鑑賞するだけになるのです。

こうしたトレンドに逆らおうとしているのが、フリント・ブックスを運営するアーティストのケヴィン・マイヤーです。ケヴィンが取り組んでいるのが、読者一人ひとりがオリジナルな物語をつくることのできる本の制作です。どの本も三〇ページに一〇枚のイラストが収められていて、読者はイラストのイメージをつなぎ合わせて、自分だけの物語をつくることができます。参考のために左のページに載せたイラストでは、ひとりの男性が本や靴下に囲まれています。読者は作者として、この男性が何者で、何が起きているのかを決めて物語をつくっていきます。

ケヴィンがこうした本づくりに取り組んでいるのは、子どもたちの想像力を伸ばしたいと思ったからでした。おなじイラストから子どもたちがつくる物語は、じつに多彩です。たとえば、左ページのイラストから、キャンプに行きたくてうずうずしている男性の物語をつくった子どももいれば、野生のチーターの住む島を探す海賊の話をつくった子どももいました。おなじ素材から出発しても、それぞれが想像力をふくらませることで、個性豊かな、新しい物語が生まれるのです。

私たちは誰しも、ほんの少し背中を押されれば、あっと驚く斬新なアイデアを思いつく豊かな想像力をもっているにもかかわらず、残念ながら、そうした能力を発揮する機会は多くありません。その代わりに、「正しい」答えのある問題を与えられ、答えを「間違えたら」どうしようと怖がっています。

結果を恐れるこうした傾向は、イスラエルで知能の高い児童を対象にエラド・セゲブとオデリア・コーン・オッペンハイムが実施した実験の結果にも表れています。二人は三年生を二つのグループに分け、それぞれに異なる但し書きをつけた課題を出しました。一方

には、「正しく絵を完成させられた者には点を与える」と書き、もう一方には「絵を完成しなさい」とだけ指示しました。どちらも、用紙には単純な三角形が描かれているだけです。

絵を「正しく」描いたら点を与えるという但し書きのあったグループでは、八〇パーセントの児童が三角を屋根にした単純な家の絵を描き、平均で二色しか使っていませんでした。これに対して、ただ「絵を完成させなさい」と指示された児童たちが描いた絵は、じつにバラエティに富んでいました。家の絵を描いた者は一人もおらず、平均で五色が使われていました。下の画像は、このプロジェクトに関する短いビデオから引用したものです。

私たちは日々の生活のなかで、それと知らないうちに自由な表現や想像力を殺しかねない「催

促」をされています。塗り絵で色がついていないのと、色がついた手本があるのとの違い、おもちゃのレゴで、説明書が入っていないのと、あらかじめ城や軍艦の組み立て方の説明書が入っているのとの違いを考えてもらうといいでしょう。

一九七〇年代、レゴ社は特段の説明書はつけずに、カラフルな組立てブロックを販売していました。そこには、どこまでも想像力を羽ばたかせる、という意図がありました。ですが、その後、決まった形をつくるためのキットの販売を増やし、男児向けと女児向けを明確に分けるようになりました。一九七四年にレゴに添付された親宛ての手紙を引用しましょう。これは、レゴが「たったひとつの正解」と共に売られていなかった時代を思い起こさせるものとして、最近、ソーシャルメディアで出回っているものです。

親御さんたちへ

子どもたちはみな、何かをつくりたくてうずうずしています。男の子でも女の子でも、それはおなじです。大切なのは想像力であって、器用さではありません。頭に浮かんだものを、好きなように組み立てればいいのです。ベッドでもいいし、トラックでもいい。お人形の家でも宇宙船でもいい。人形の家が好きだという男の子は多いものです。宇宙船より人間らしいではありませんか。宇宙船の方が好きな女の子も大勢います。人形の家よりずっとわくわくするのです。何より大切なのは、子どもたちにふさわしい材料を渡して、好きなようにつくらせてあげることなのです。

その後、レゴ社は完成した模型の写真を外箱に印刷し、それ用にあらかじめつくられたキットを販売することで、この手紙に示された「想像力の大切さ」を引っ込めてしまいました。レゴ社のエンジニアが設計した立派な宇宙船や海賊船を目にした子どもたちは、想像力をはたらかせることなく、ただ説明書にしたがってブロックを組み立てるようになりました。こうしたやり方はレゴ社にとって大きな経営判断だったのかもしれませんが、多くの子どもたちにとっては想像力をふくらませる貴重な機会を失うことになり、大きな打撃になったといえるでしょう。

想像力が必要とされるのは、子どもの遊びにかぎった話ではありません。私たちは想像力を使って、自分自身の人生の見通しを立てます。可能性は何通りもあり、想像力が豊かであればそれだけ鮮やかなイメージを描くことができます。ところが想像力が乏しいと、過去の延長線上でしか考えることができず、他の人とおなじことをして、代わり映えのしないイメージを思い浮かべることしかできません。

確固たるイメージは、並外れた偉業を支える土台にもなります。アマゾンの創業者で最高経営責任者（ＣＥＯ）ジェフ・ベゾスを見ればおわかりいただけるでしょう。ベゾスは一九九五年の創業当時から、世界規模の巨大企業を経営する姿をしっかりイメージしていました。アマゾンという社名は、世界一の流域面積を誇るアマゾン川と、ギリシャ神話に登場する伝説の女戦士の国アマゾネスにちなんだものです。小さな新興企業がいずれ堂々たる巨大企業に変貌を遂げることを見越して、慎重に選ばれた名前なのです。

マーティン・ルーサー・キング牧師の「私には夢がある」という有名な演説も、想像力の大切さを教えてくれます。人種間の平等の実現というキング牧師が描いたビジョンは、社会運動のうねりを起こすきっかけとなりました。「私の四人の幼子が肌の色ではなく、その個性で判断される国になる」ときを思い描き、そのビジョンを国民に語りかけたのです。

夢をどう描くかは自分次第であり、私たち一人ひとりにかかっています。スタンフォード大学の卒業生、カイ・カイトの経験談には説得力があります。長年バイオリンを学び、将来を嘱望されていましたが、最近、自分以外の人間の夢を演じていたのだと気づいたといいます。きっかけは、母親が乳がんと診断され、宝石店を営む夢を断念せざるをえなくなったことでした。

そんな母の姿を見て、自分の運命は自分でコントロールし、望む未来を自分で切り拓こうと決意します。身につけたクラシック音楽をベースにしつつ、彼にしかできないユニークな曲作りに励み、演奏するようになりました。作品は好評で、演奏する機会にも恵まれています。こうした反響の大きさにカイは手ごたえを感じ、自分の夢を実現するのは他ならぬ自分なのだという思いを強めています。こうした気づきは、TEDの講演「自分の世界を構築する」で語られています。

―◆◆◆―

大胆な未来を思い描く力は、個人とおなじように、激しく変化する世界で生き残りを目指す企業にとっても重要です。グーグルなどの企業が想像力を使うことを奨励しているのは、このためです。よく知られているように、同社のCEOラリー・ペイジは、伝説になる可能性を秘めた月面着陸のような大胆なプロジェクト「ムーンショット」を熱心に後押ししています。二〇一三年のワイヤード誌のインタビューでは、つぎのように語っています。

漸進的な改良は、時の経過と共に確実に陳腐化する。特に技術の分野では、いずれ急激な変化が起きるのはわかっている……そのため、徐々に起きること以外のものに社員の目を向けさせるのが、私の大きな仕事だ。たとえばGメールがある。Gメールを発表したとき、グーグルは検索の会社に過ぎなかった。電子メールを世に送り出すこと、ましてや他社のサービスの一〇〇倍ものデータ保存量をユーザーに提供するのは、大きな挑戦だった。徐々に改良することを重視していたのでは、起こりえないことだった。

最近のフォーチュン誌のインタビューでも、同社の最新のムーンショットの例として、ロボティクス、配達用のドローン、自動化された住宅、涙に含まれる血糖値を測定するスマート・コンタクトレンズ、老化を防止する新薬の開発などを挙げています。ラリー・ペイジは、世界中で誰も取り組んでいない「ゼロ・ミリオンダラーの研究課題」を探しています。「未来を予想する最善の方法は、未来を発明することである」と言ったのはコンピュータ科学者のアラン・ケイですが、ペイジはこれを信条にして、果敢に実践しているのです。

世界的な経営大学院インシアードで教授を務めるフェリペ・サントスは、スタンフォードで博士号を取得しました。博士課程では、企業がどのように事業の境界を決定しているかを研究し、その境界によって事業機会に気づくかどうかが決まることをあきらかにしました。私たち個人もそうですが、企業も自分たちの事業はここからここまでだと境界を決めていて、その境界からはみ出たものはチャンスだと捉えられません。グーグルが自分たちの事業をオンライン検索だけに限定していたら、自動運転車を開発することはなかったし、アマゾンが書籍販売しか考えていなければ、インターネット・サービス事業を立ち上げることはなかったでしょう。フェイスブックが純粋なソーシャル・ネットワーク事業に限定していれば、仮想現実の世界には入らなかったでしょう。

ここに、決定的に重要な点があります。境界だと思っているものは自分で決めたものに過ぎず、自分で想像できることに限られる、ということです。レースに出場するにせよ、選挙戦に出馬するにせよ、企業を経営するにせよ、自分がどんなビジョンを描けるかで成し遂げられる成果が決まります。ささやかなビジョンであれ、大胆なビジョンであれ、それは変わりません。旅の舞台は、自分の想像力によって決まるのです。目的地を見定めることで、そこに至る道があきらかになります。アメリカの大統領選に出馬する候補者も、ブロードウェイの舞台に立つ俳優も、ドーバー海峡を泳いで渡ろうという人も、まず目標を決めます。実現するよりずっと前に、まだ起きていないことを想像することから始めるのです。アルバート・アインシュタインはこう言っています。「想像力はすべての源泉である。それは、人生でこれから起こる見どころを予告してくれる」

自発的であれ受け身であれ、私たちは一人ひとりが自分の人生を演じる舞台を決めています。舞台は家庭であったり、学校であったり、会社であったり、人それぞれです。地域社会を舞台だと考える人もいれば、世界を相手にする人もいるでしょう。どの舞台に立つかで見える世界が違い、そのなかの自分の居場所も違ってきます。そして、いつでも、いま人生を演じている舞台のビジョンを変えることは可能です。

新しいクッキーを思いついたとしましょう。何枚か焼いて、自分ひとりで味わってもいいし、家族にふるまうだけでもかまいません。箱に詰めて友だちに配ってもいいでしょう。でも、地元の市場で売ることもできますし、近所に店を開くこともできます。国内各地や世界中にチェーン店を開いたっていいわけです。自分が活動範囲を広げたい、もっとインパクトを与えたいと思えば、舞台は大きくなります。自分が描くビジョンによって、達成できるものが決まるのです。地元でクッキー店を開くことが目標であれば、それが達成されたら満足します。そうではなく、世界展開に照準を合わせると、それを実現するチャンスに気づき、そのチャンスをつかめるようになるのです。

まさに、これを実際にやってのけたのがナンシー・ミュラーです。ナンシーは一九七七年にカリフォルニア州のパロアルトに「ナンシーのごちそう」を設立しました。最初は、自分で開くパーティでふるまうために小さなキッシュを大量につくっただけでした。それがとても美味しいと評判になり、友人から店を開くよう勧められたのです。その気になったナンシーは、箱に詰めたキッシュを冷凍庫に入れ、車の後ろに積んで売って回ることにしました。そこで止めることもできましたが、ナンシーはそうしませんでした。成功に気をよくして、さらに大きなビジョンを掲げました。売上と共にビジョンも成長を続けたのです。一九九三年時点で、ナンシーのごちそうは、従業員一五〇名、年間の売上高は三〇〇〇万ドルに達し、その商品は、セイフウェイやジャイアント、ファーム・フレッシュといった全米の食料品チェーンで販売されるまでになりました。最終的には事業を大手食品メーカーのハインツに売却しましたが、いまでもナンシーのキッシュは売れ続けています。そもそも、年を追うごとにナンシーがビジョンを膨らませ、自分の立つ舞台を大きく見定めたからこそ、小さな舞台なら見えなかった新しいチャンスに気づくことができたのです。

―◆―

私自身は、大きなビジョンを描いて羽ばたけた経験もありますし、小さなビジョンに縛られた経験もあり、両方知っているつもりです。一九九一年に最初の本を出版したのですが、その時の経験から、読者が面白い本を簡単に検索できる方法を見つけることができれば、そうしたツールに対するニーズがあるはずだと気づきました。もちろん、私の本が面白いから知ってほしいという思いもありました。私の処女作『*The Epicurean Laboratory*（美食家の研究室）』は、料理の化学をテーマにした本ですが、残念ながら、いちばん興味をもってくれそうな人たちが覗く科学の棚ではなく、料理本の棚に置かれてしまいました。

この件をきっかけに、私は書籍と読者をつなぐマルチメディア事業を立ち上げることを思いついたのです。書店の客がテーマや著者名、タイトルで本を検索できる端末を開発し、ブック・ブラウザと名づけました（念のために言えば、これは一九九一年の話で、インターネットのブラウザが開発される数年前のことです）。ＩＴ企業を経営した経験はありませんでしたが、製品を開発、販売し、二年後には売却できるほどの組織にするのが目標でした。

まさに、そのとおりになりました。私は設立した企業を二年後に売却しました。振り返ってみると、この事業には私が想像した以上の大きな可能性があったと思います。ですが、自分で掲げた目標が限られていたので、それだけのチャンスにしか気づけなかったのです。事業を大きくして続けていくという目標を掲げていたら、新しいチャンスを生みだし、事業の拡大を手助けしてくれる人材を雇い、会社売却の前に立ちふさがる課題を克服できていたでしょう。創業者はみな、障害にぶつかります。ですが、そうした障害が克服された将来を思い描ける創業者だけが、実際に障害を克服できる可能性が高いのです。ヘンリー・フォードもこう言っています。「障害とは、目標から目をそらしたときに目に入る恐ろしいものである」

成功への道筋をイメージできない人たちは、早々とあきらめてしまいますが、解決策を見つけるとわかっている人は粘り強く挑戦し続けます。私の同僚のスティーブ・ブランクは、八つの企業の資金調達に関わってきましたが、まず自分が達成したい目標についてビジョンを描き、そこに至るまでの障害を取り除いていくといいます。いま書籍検索のブラウザ事業を振り返ると、事業を売却する前に障害を取り除く方法はいくつもあったことに気づきます。ただ当時は、自分にはここまでしかできないと思い込んでいたので、それ以上踏み込むことはありませんでした。会社について、自分自身について、自分が掲げたビジョン自体がチャンスの幅を狭めていたのです。

幸い、自分自身に対するイメージは変幻自在で、瞬時に変えることができます。これは、まさにアン・ミウラ＝コウに実際に起きたことでした。科学者の娘としてカリフォルニア州パロアルトで育ったアンは、医者か研究者になるものと思われていました。イェール大学に進学すると、電子工学を学ぶかたわら、学費の足しにするために学部長室で事務のアルバイトをしました。

一九九二年の冬のある日、学部長からある訪問者を案内するよう頼まれました。このとき、アンがパロアルト出身だと知った訪問者から、春休みにパロアルトに戻ったら自分の鞄持ちをする気はないかと誘われます。どんな仕事かと尋ねたところ、なんと相手はヒューレット・パッカード社の社長ルー・プラットでした。アンは興味津々で、この誘いを受けました。

ヒューレット・パッカード社で、ルーの後をついて回ったアンは、実際にどのように会議を仕切り、意思決定を行なうかを目の当たりにしました。あるとき、ルーの提案で、彼の執務室で一緒に写真を撮ることになり、白いソファのルーの向かいに座りました。数週間経って送られてきた手紙には、アンの写真の他にもう一枚写真が同封されていました。

おなじ週に、おなじ部屋で撮られたもので、ルーの向かいにはアンではなく、マイクロソフト社の社長のビル・ゲイツが座っていました。共同事業に合意し、サインするところでした。

アンは、おなじ部屋でおなじ角度から撮られた二枚の写真を見比べました。ゲストは二人ともおなじソファに座っています。この瞬間、アンには違う人生が見えました。将来の壁が取り払われ、世界的企業のリーダーとなる自分の姿が想像できたのです。アンは聡明でやる気もありましたが、自分が世界の舞台で活躍できるなどと考えたこともありませんでした。それが、一瞬で何もかも変わったのです。

時間を一気に早送りして二〇一五年現在、アンは、パロアルトでフラッドゲート・ファンドのパートナーを務めています。スタンフォード大学で工学博士号を取得した後、二〇一〇年にマイク・メイプルズと共同で設立したファンドです。世界的に影響力のある初期段階のスタートアップ企業にアドバイスし、シリコンバレーでも特に影響力のあるリーダーとして評判です。

アンの物語が示しているように、たいていの人は自分が生きている舞台に疑問をもちませんし、自分の影響力が広がることが心地いいとも感じません。ですが、そうした見方は、ほんの一瞬で変わることがあります。何気ない会話や一冊の本、一本の映画、あるいはたった一枚の写真が、自分の未来像をがらりと変えてしまうことがありえるのです。

素晴らしい実例をもうひとつ紹介しましょう。十代の母親と受刑者の父親のもとに生まれたマイケル・タブスは一九九〇年代、カリフォルニア州のストックトンで育ちました。ストックトンは、犯罪率が高く、失業者の多い貧しい町です。こうした逆境からのスタートにもかかわらず、マイケルには向上心があり、学業優秀で奨学金をもらってスタンフォードに進学しました。ところがインターンシップでワシントンDCに滞在中、母親から電話で従兄が殺されたことを知らされます。なんとか地元を良くしたいという思いに駆られたマイケルは、市議会議員に立候補することを決意します。

当初は、政治家になるにしても、もう少し勉強をして、何年か働いて実務経験を積む必要があると思っていましたが、一八歳以上で、五〇パーセント以上の票を集めさえすれば議員になれることを知り、スタンフォード在学中に出馬します。そして見事当選し、ストックトンの市政で最年少議員となりました。議員になって二年になりますが、すでに犯罪撲滅や若者の学業支援など、いくつかの新しい政策を実現しています。

人生のかなり後半になって、自分自身のビジョンを広げた人物の例も紹介しましょう。女性下院議員のアンナ・エショーがその人です。コネチカット州で育ったアンナは、移民だった両親に市民としての責任や祖国を愛することを幼い頃から教え込まれましたが、いつの日か国の最高機関である下院選挙に出馬し、当選する日が来るなど知るよしもありませんでした。

一九七九年、エショーは、サンフランシスコの権威あるCORO財団のフェローに応募しました。この財団では、地域社会の成り立ちに理解を深めてもらうため個人研修を行なっています。公共部門のエショーの研修先は、当時、カリフォルニア議会の議長を務めていたレオ・T・マッカーシーの事務所でした。その後、メンターとなるマッカーシーは、エショーに公職への立候補を勧めます。エショーには思ってもみないことでした。

一九八二年、空席になっていたサンマテオ郡の監理委員会の委員に思い切って立候補したエショーは首尾よく当選し、その後、一〇年間委員を務めることになります。議会での活躍ぶりに、八八年には下院選挙への出馬を勧められます。エショーにとっては、大統領選に出馬しろと言われたのとおなじくらい大それたことに思えました。ですが、勧められたことでイメージが膨らみ、最終的に大きな舞台へジャンプしようと決意します。残念ながらこのときの下院選では、トム・キャンベルにわずか二パーセントの差で敗れました。ですが一九九二年の選挙では、キャンベルが上院に鞍替えすることになり、空席となった下院議席をめぐって再挑戦したエショーは見事当選します。そして、一九九三年一月、アメリカ下院で初めての宣誓をしたのでした。

エショーによれば、それぞれのステージで、決断するまでには「自分をどんどん深掘り」して、自分の弱気の虫を追い払い、自信を深めたうえで大きな舞台に移る必要があったと言います。下院での毎日は、エネルギー問題に人権問題、医療制度、生物医学、テクノロジー、国内経済など、検討すべき国内外の緊急課題が目白押しです。エショーは、議会での自分の活動をわかりやすく有権者に説明し、有権者から送られてきた手紙やメールにはすべて目を通しているといいます。長い時間をかけて勝ち取った成果が、つぎの課題に向かわせてくれる原動力になっています。

女性下院議員として成功したエショーの物語とも相通じるのですが、叶えたい目標をイメージするだけでは不十分であることを示した研究結果があります。じつは、イメージするだけでは逆効果になる場合すらありえます。自分がこうありたいと望む将来をイメージするだけでなく、そこにたどり着くまでに克服すべき障害についてもイメージしておく必要があるのです。

ニューヨーク大学のヘザー・バリー・カペスとハンブルク大学のガブリエル・エッティンゲンは、望ましい将来についていいことばかりをイメージしていては、実際に望ましい成果は得られないことを発見しました。

二人が行なった実験では、ある事について望ましい結果をイメージするだけだと、それに注ぎ込むエネルギーが低下することが明らかになりました。身体的にも心理学的にもみられるエネルギーの低下が、目標の達成に必要な意欲を低下させると、カペスとエッティンゲンは仮説を立てています。必要なエネルギーを確保するには、達成したい目標にくわえ、その目標にたどり着くまでにやるべきことの両方をイメージすることが鍵になると、彼らはみています。
　要するに、夢見る夢子さんではダメなのです。大きな夢を抱くからには、それを達成するために何をすべきか現実的に考え、認識しておかねばなりません。夢を実現するのに必要な姿勢と行動を明確にしているインベンション・サイクルは、そのためのフレームワークになります。

―◆◆◆―

　多くの人が、大きな目標に挑戦するのを怖がっています。自分が大きな舞台にふさわしいと思えず、力不足が露呈するのではないかと恐れていることもあります。何かを成し遂げても、自分の実力ではないとか、自分は成功に値しないといった感情を抱くことはインポスター・シンドロームと呼ばれますが、こうした感情はきわめて一般的です。人生のどこかの時点でインポスター・シンドロームを経験したことのある人は、七〇パーセントにものぼります。舞台が大き過ぎて、自分はふさわしくないと感じる人たちがこれほど多いとは驚きです。
　エグゼクティブ・コーチのオリビア・フォックス・カバンが、スタンフォードの起業リーダー連続講演で、つぎのような話をしてくれました。

インポスター・シンドロームに陥ると、自分がやっていることの価値を本当に理解しておらず、詐欺だとばれるのは時間の問題だと感じます。推定で人口の七〇パーセントから八〇パーセントがこのシンドロームに襲われています。罹患率がとくに高いのが、ビジネスと教育の現場です。このテーマについて話すと、ハーバードでも、イェールでも、スタンフォードでも、ＭＩＴでも、毎回ピンが落ちる音が聞こえるほど教室は静まり返ります。こうした感情には名前がついていて、罪悪感をもっているのは自分だけではないとわかると、安堵のため息を漏らします。毎回、スタンフォードのビジネススクールの新入生に「自分は間違って入学を認められたと思う人？」と尋ねると、三分の二の学生がすぐさま手を挙げるそうです。

こうした感情は、成長に伴う痛みとみることができます。大きな舞台に移るときはいつでも、なんとなく居心地が悪いものです。そこにはずっと前から別の人がいて、その人は悠然としているように見えます。ですが、彼らもまた新参者だったことがあり、おなじようにぎこちなかったのです。

背伸びして大きな役割につこうとするとき、あるいは大きな舞台に上がろうとするとき、自分が何を知らないかを把握し、助けを求め、誰もがおなじように感じている、あるいは感じたことがあると知っておくと楽になります。やってみて初めて自信が生まれるのであって、自信があるからやるわけではないのです。世の中には、偉業を成し遂げ、お手本となる人が大勢います。その一人ひとりが、さまざまな障害を克服して目標を達成していきます。じつは、目標が大きければ大きいほど、乗り越えるべきハードルも高くなるのです。

何か有意義なことを成し遂げたいと思うなら、まずは明確なビジョンをもつことです。前の章で述べたように、このビジョンは自分の経験と分かちがたく結びついています。これが想像力の本質です。ひとつのこと、ひとつの世界に積極的に関わることによって、問題とチャンスを見通すことができ、それにどう対処するかのイメージが湧いてきます。偉大な事業、偉大な冒険はみな想像力から始まっています。

そして、その想像力は、インベンション・サイクルのつぎの段階、クリエイティビティにつながります。想像力を駆使して自分が選んだ課題に挑むのが、このクリエイティビティの段階です。つぎの二つの章では、やる気を高めること、実験を繰り返すことが、目標への道を拓くことになるというお話をします。

課題

1 57ページのケヴィン・マイヤーのイラストを使って、あなたらしい物語をつくってください。

2 世界はいくつもの舞台が集まってできていると考えてみましょう。地元という舞台から、全世界という舞台まであります。今あなたは、どの舞台にいますか。将来、どの舞台で活躍したいですか。新たな目標を踏まえる必要があれば、前に書いた手紙に戻って修正しましょう。

3 いまの自分の役割をひとつ選び、舞台が広がるのを想像してみてください。大きな舞台では、その役割はどんなものになるでしょう。背伸びして大きな舞台に上がるには、何をすべきでしょうか。

4 目標を達成するのに障害となっているのは何でしょうか。それは外的な障害でしょうか、それとも内なる障害でしょうか。

第Ⅱ部

クリエイティビティ

大のオペラ好きの両親は、私にその趣味がないとがっかりしています。もっと広い意味では、劇場は白髪の聴衆ばかりで、そもそも若い人がいないと嘆いています。一九四三年に始まったニューヨーク・シティ・オペラが二〇一三年に閉鎖に追い込まれたときには、ずいぶん残念がりました。

オペラに限らず、演劇やバレエ、クラシック音楽など、伝統的な芸術はどれも観客や後援者の高齢化が大きな問題になっています。娯楽として長く続いてきたものの、将来の観客はどこから来るのだろう、と演者も支援者も一様に頭を抱えているのです。どんな問題もそうですが、この問題はクリエイティブに考える絶好の機会になります。

エンターテインメントの世界では年を追うごとに変化が激しくなっていますが、クリエイティブな企業はこれを業界再編の好機と前向きに捉えています。変化しなければ脱落するしかないとわかっているのです。変化を好機に変えるという強い意欲と固い決意から、わくわくするような実験的な試みが数多く生まれています。チャンスをものにしようと意欲が湧いてくると、その方法を見つけるために実験的な試みを繰り返す。これこそがクリエイティビティの核心です。想像力という基礎があってクリエイティビティは生まれますが、目標をいくらイメージしたところで、意欲的に実験を繰り返し、目標を達成するためのクリエイティブな方法を見つけなければ、絵に描いた餅で終わってしまいます。

変化をチャンスに変えた格好の例として、世界有数のオーケストラ、クリーブランド交響楽団を紹介しましょう。同楽団では、創立一〇〇周年となる二〇一八年までに若年層のファンを増やす、という目標を立てました。新たなファンにコンサート会場へ足を運んでもらうには、さまざまな創意工夫が必要です。楽団の後援組織はまず、幼稚園から大学生の新たなファンの開拓を目的に「未来の聴衆センター」を立ち上げました。この活動が功を奏し、聴衆に占める若者の割合は、従来の八パーセントから二〇一四年時点で二〇パーセントにまで増加しています。具体的な活動としては、若い「アンバサダー（大使）」を任命し、イベントの告知などを通じてファン拡大に一役買ってもらう、学生向けに格安のチケットを販売する、金曜の夜にミニコンサートを開催し、その後のパーティで親睦を深める、などに取り組みました。

より多くの人にアートにふれてもらう、というクリエイティブな実験には、まだまだ上があります。ニューヨークのある演劇集団は、劇場に足を運ぶ多くの観客に必要なのはお芝居だけでない、じつは居眠りも必要なのだと気づきました。それなら、両方を楽しんでもらおうと企画されたのが「赤い部屋の夢」と題する公演です。狙いはずばり、観客に眠ってもらうこと。観客は靴を脱いで、ベッドでくつろぎます。その周りを凝った衣装を身につけた俳優たちが取り囲み、子守唄のような癒しの音楽を流します。このアイデアは、人生の三分の一を占める睡眠のための音楽づくりがヒントになりました。

こんな実験もあります。受賞歴もあるオフブロードウェイ・ミュージカル「スリープ・

ノー・モア」は、シェイクスピアの悲劇「マクベス」をベースにした体験型シアターです。六階建ての館内には一〇〇あまりの部屋があり、精神病院、医師の部屋、寝室、墓地、パーティ会場などさまざまなセットが設えられています。それぞれの部屋では「マクベス」にちなんだシーンが再現されていて、マスクをつけた観客は、自由に部屋を出入りして、それぞれのシーンの一員になります。俳優も観客もセリフを発するわけではありません。それぞれが個性的な演技を経験することになるのです。

これらはすべてクリエイティビティが発揮された例ですが、その原動力となったのは、若い観客を伝統的なアートの世界に呼び込もうという強い意欲と、その方法を見つけるために実験的な試みをしようという前向きな姿勢です。実験は、うまくいけば規模を拡大して本格的に稼働させることができますし、たとえ失敗したとしても、何がうまくいき、何がうまくいかなかったのかという貴重なデータが残ります。つぎの二章では、強い意欲がいかにしてクリエイティブな実験につながるのかをみていきましょう。

第3章

やる気を高める――顧客は自分自身

インディアナ州の高校で教えるドン・ウェトリックは、数年前、授業のやり方をがらりと変えました。ダニエル・ピンクのモチベーションに関するTEDの講演を見て、自分は生徒が自発的に学ぶ意欲をつぶしているのではないか、と気づいたのがきっかけです。そこでピンクが提唱するやり方を実践してみることにしました。

ダニエル・ピンクは『モチベーション3・0』（邦訳：講談社）で、やる気を引き出す鍵として、「自律性」「マスタリー（熟達）」「目的」の三つを挙げています。「自律性」とは、何を、どのように、誰とするかを自分自身で選択することを意味します。「マスタリー」では、挫折するほど難しくはないけれど、挑戦しがいがある課題を克服します。「目的」は、本人が重要だと感じることに取り組む機会を与えます。

ピンクのこのモデルを活用して、ドンは毎日、一単位の授業時間を丸々、生徒自身が選択した課題に取り組ませることにしました。グーグルや3Mが勤務時間の一定割合を各自の活動に充てるよう奨励していることもヒントになりました。最終的には、生徒自身が学習意欲を高める方法を見つけることが狙いでしたが、その成果は目を見張るものでした。

まず、生徒自身に取り組むべき課題を選ばせるのですが、長年与えられた課題をこなすことに慣れきっている生徒はなかなか選ぶことができません。そこで、最初の二週間をブレインストーミングにあてます。するといちばん不安そうな生徒も興味深い課題を探してきます。意識して注意を向ければ、どこにでも改善すべき点があることに気づくのです（これは、第1章の「どっぷり浸かる」でも論じたことでもあります）。目を凝らして見ると、クラスや学校、地域社会で取り組むべき課題がつぎつぎと出てきます。

ドンは授業にいくつかルールを設けています。①生徒は、課題についての正式な企画書を提出する。②課題で取り上げた分野の外部の専門家に協力してもらう。③文章や動画を使ったブログを作成し、課題の成果や意外だった点を共有する。④最後に、各人または各チームは関係者の前でプレゼンテーションを行ない、評価についてドンと協議する（課題に一人で取り組む生徒もいれば、二、三人でチームを組む生徒もいます）。

多くのチームは、学校内で地域に密着した課題に取り組むことを選択します。生徒が選んだ課題には、つぎのようなものがあります。特別な支援が必要な生徒と地域社会とのかかわりを増やすためコーヒーショップを開く、環境にやさしい校庭の維持管理方法を開発する、鬱と肥満で悩むクラスメートを助ける。もっと大胆な目標を掲げた生徒もいます。たとえばジャレドは現在、透明な太陽電池の開発に取り組んでいて、複数のバージョンの製品の製造と販売を計画しています。ミカエラは教育用玩具を設計し、試作品をつくってテストしました。ジェシカは自分が住む町の光害の改善を目指しています。

どのプロジェクトでも、生徒自身が計画を立て、協力者を探し、専門家から情報や助言をもらい、障害を克服する方法を見つけ、そこで得た経験を一般に公開します。課題に取り組むなかで生徒たちは、プロジェクトを進めるには、何より自分のやる気が重要であることに気づきます。絶対に問題を解決するのだという強い意思があれば、どんな努力も惜しみません。

残念ながら、ほとんどの生徒は、こうした経験の機会に恵まれていません。想像力の章でも述べたように、たいていは正解がひとつしかない課題を与えられ、誰かが敷いたレールを黙々と歩くよう指導されているのです。学校の外でも、こうするのが望ましいというメッセージを直接あるいは間接的に受けています。そして、キャリアをかなり重ねてから、自分自身の夢ではなく誰かの夢を追っていたことに突然気づく人が少なくありません。問題は、誰かの夢あるいは計画に従っていては、自分自身の内側からやる気が湧いて来ない、ということです。エネルギーを満タンにし、前にどんどん進み、障害にぶつかったときにそれを跳ね返す力を与えてくれるのは、自分のやる気しかないのです。

私はこれまで講義のなかで、喜ばせる「お客さん」は私ではなく、学生自身なのだということを繰り返し説いてきました。長年、親や教師、そして標準テストの作成者を喜ばせてきたと思うけれど、大学やそれ以外の場所での経験から何を得たいのか、一人ひとりが自分の興味に従って選択する時が来たのだと指導します。当然ながら、選択は結果を伴いますが、その選択をするかどうかは一人ひとりにかかっています。

たとえば、自分の時間のすべてを課外活動にあてたいという学生がいて、その活動が有意義だと本人が心底思っているなら、私は止めません。起業のために、寮の部屋にこもってコンピュータのプログラムを書きたいというなら、やればいいと思います。当然、授業の評価は低くなるかもしれませんが、それは本人が選択した結果であって、私が選択したわけではありません。私たち一人ひとりが、周りに言われたからといってやるのではなく、自分の内側からやる気が湧いてくるようにするにはどうすればいいのかを学ぶ必要があるのです。

―◆◆◆―

これは、イェール大学のエイミー・レゼニスキーとスワースモア大学のバリー・シュワルツの最近の研究にも通じます。二人は、内的な動機づけと外的な動機づけ（道具的動機づけとも呼ばれる）の相互作用について調べました。内的な動機は、目標を達成しようという意欲が内側から湧いてくるもので、他人がどう思うかは関係ないのに対し、外的な動機は、報酬をもらうとか褒められるといった外側から確認できるもので意欲が生まれます。人が行動を起こす場合、一般的には内的な動機づけと外的な動機づけが関わっています。

レゼニスキーとシュワルツの研究目的は、内的な動機づけと外的な動機づけについて、成功をもたらす最適なバランスが存在するかどうかを確かめることにありました。二人はまず、アメリカ陸軍の士官学校ウエストポイントに入学したばかりの士官候補生一万一〇〇〇人以上を対象に進学理由を調べました。リーダーになりたいからといった内的動機なのか、いい仕事につけるからといった外的動機なのかに着目したのです。

数年後に卒業後の進路を追跡調査したところ、内的動機と外的動機に興味深い相互作用が見られました。

意外ではないが、ウエストポイントに入学する内的動機が強いほど、卒業後に士官になっている比率が高いことがわかった。これも意外ではないが、内的動機が強かった候補生は、内的動機のなかった候補生に比べて入隊後も（早期に昇進の推薦を受けるなど）成績がよく、五年間の兵役義務を終えても軍にとどまる比率が高かった。ただし、強い外的な動機があった場合はそうならなかった（これは意外な点である）。

驚くべきことに、ウエストポイント進学の内的動機と外的動機の両方が強かった候補生は、内的動機は強いが外的動機が弱かった候補生にくらべて、すべての指標で劣っていた。卒業率、入隊後の成績、従軍期間のすべてで劣っていたのだ。

この観察結果は重大な意味をもっている。ある人間が仕事を首尾よくこなすには、外的動機以上に強い内的動機が必要である……仕事の質を向上させるには、仕事から得られる報酬より、仕事の意義や影響力を重視するよう奨励するのが最善の方法かもしれない。また、直感に反しているように思えるが、それが金銭的な成功にもつながるようだ。

私はその実例を間近で見てきました。STVPのメイフィールド・フェローズ・プログラムでは、学生一二名が夏のあいだ、創業まもないスタートアップ企業で働く機会を設けています。これは起業リーダーシップに焦点をあてた九か月の研修・教育プログラムの一環です。学生はまず春学期に、スタートアップ企業の戦略と組織行動について学びます。そして、夏のあいだに各自が企業で働き、クラスメートや教官を招くオープンハウスを主宰します。そして、この研修の経験を踏まえて、秋学期に事例研究を発表するのです。

数年前の夏のオープンハウスで、携帯電話用広告アプリの開発企業のプレゼンテーションを聞いていて、その会社の事業目的がはっきりしないと思ったことがありました。これといった課題に取り組んでいる様子はなく、その会社の理念がまったく見えなかったのです。創業者はもっぱらお金の話しかしません。純粋な興味から、あなたのやる気の源は何ですか、と丁重に尋ねてみました。創業者はあきらかに狼狽した様子で、明確な答えは返ってきませんでした。わずか数か月後にその会社が行き詰まったと聞いても、驚きはしませんでした。事業をしていれば必ず壁にぶつかる時があるものですが、それを乗り越えて会社を支えるために必要な気概が、この創業者はなかったのです。

この件があって、その後のメイフィールド・フェローズのオープンハウスでは、どの企業についても起業の動機を尋ねることにしましたが、その答えの落差に驚きました。この質問をあらかじめ予想していたリーダーと、そうでないリーダーの差は歴然でした。学生の一人は、この経験を振り返って、こう書いています。「夏のあいだ、一〇人あまりのCEOを見てきて、完璧なリーダーになるためのレシピなどないことがはっきりしました。成功しているリーダーの共通点は、事業の将来ビジョンが明確であり、目標実現に向かってがむしゃらに働くように周りを鼓舞できていた、ということです」

やる気と成功の関係については、アップルの元「伝道師（エバンジェリスト）」であり、ハイテク企業の投資家として起業関連の著書も多いガイ・カワサキがその重要性を指摘しています。

儲けだけを追い求める企業よりも、強い使命感をもった企業が成功する確率の方がかなり高いと、ガイは言います。スタンフォード大学起業リーダー連続講演の一部を紹介しましょう。

起業家精神について、私が時に痛い思いをしながら発見し学んだことは、事業の意義を見出すことがすべて、ということです。カネ儲けを狙って起業する人が非常に多いのは事実で、手っ取り早くカネを稼ごうと、ネット企業が次々と出現しました。ですが、私が起業した企業や出資した企業、または関係のある企業を見てきて気づいたのは、成功する企業は例外なく、最初から世界をがらりと変えようとか、世界を良くしよう、有意義なことをしようという意図をもって設立された企業だということです。こうした企業なら成功します。

インターンシップを終え、秋に再開する授業では、学生一人ひとりにどうしたらやる気になるかを探る機会を設けます。同僚のトム・バイヤーズと私は教室を回り、一人ひとりに尋ねます。学生はすぐに、答えにくい質問だと気づきます。人間のやる気は、複雑で多面的なものです。安全や健康、友情、経済的な安心を得るためといった動機は、比較的わかりやすいものですが、個人の経歴や障害、直感といった、傍目にはわかりにくい動機もあります。

ジュニパー・ネットワークスの元ＣＥＯのスコット・クリーンスは、ゲストとして何度も私の授業に来てくれていますが、将来採用するかもしれない人材数百人にインタビューするチャンスと捉えていました。スコットは、学生に過去の経験を聞くことはしません。いつも、「あなたは何者ですか」という単純な質問から始めます。この質問をすると、答える側が何を目指しているかを暴くことになるのです。教室を回って、学生はおなじ質問に答えていきますが、どうにも答えにくい質問です。無数の答えがあり、どれもやる気の源泉が何であるかをさらけ出しているといえます。

―◆◆◆―

やる気はたいてい時間の経過とともに高まっていきますが、たった一度きりの出来事で、いきなり、やる気になることもあります。マリー・ジョンソンがまさにそうでした。当時、ミネソタ大学の博士課程で医用生体工学を学んでいたマリーは、四歳の女の子をもつ母親でもあり、お腹には二番目の子がいました。

マリーは当時、３Ｍの研究員と共同で、心臓弁の機能を詳細に分析できるコンピュータ化した聴診器の設計プロジェクトに取り組んでいました。夫を被験者にして何か月もデータを集め、聴診器の使い方を研究しました。

一年経った頃、思いがけない悲劇に見舞われます。夫がスポーツジムを出た直後に心臓発作で急死したのです。心臓に問題があるとは誰一人思っていませんでした。四一歳と若く、身長一八八センチ、体重八二キロで、外見は健康そのもの。解剖してみると、心臓の動脈のうち三本が詰まっていました。

マリーにとって足元が崩れるような衝撃的な夫の死でした。とにかく何が起きたのかを知りたい、そして、心臓発作で苦しむずっと前に動脈の詰まりを発見する方法を開発したい、と思いました。夫の死から一週間経たないうちにマリーは動き始めます。統計を調べ、動脈疾患に関連した警告頻度のパターンを分析できる数式モデルを作りました。マリーがいきなり分析できたのは、亡き夫のデータを集めていたからでした。動脈疾患を抱える患者の何を見ればいいのかがわかり、手遅れになる前に生死に関わる状態を突き止める方法のヒントになりました。

マリーの会社、AUM心臓血管は、心臓の動脈硬化による死亡率を減らすことを目指しています。エア・ホッケーのパドルに似た携帯型の装置を使って心音の乱れを拾います。体内に挿入する必要のない検査で、従来は一〇〇〇ドルした費用もわずか一〇〇ドルで済むため、多くの人が検査を受けることができます。デザイナーやエンジニアなど一一人とチームを組んでいますが、全員がおなじように意欲的にこの問題に取り組んでいます。

―◆◆◆―

何をするにせよやる気に左右されますが、やる気は必ずしもわかりやすいものではないため、時に自分でも訳のわからない行動をとってしまうことがあります。そこで私は、担当するクリエイティビティの授業で、各自のやる気を目に見える形にするエクササイズを行なっています。

まずボードに、2×2の大きなマトリックスを書きます。縦軸はやる気を、横軸は自信を表します。各自が四つの枠に該当する活動を四枚の付箋に書き込み、対応する枠に貼っていきます。右上には「やる気も自信もある」活動、左上には「やる気はあるが自信がない」活動、右下には「やる気はないが自信がある」活動、左下には「やる気も自信もない」活動が入ります。こうした観点で普段の生活を考えたことがないので、分類をとてもむずかしく感じる学生もいます。

分類し終えると、結果について話し合います。右上の「やる気も自信もある」枠に分類される活動には、かなりの時間を充てていることがわかり

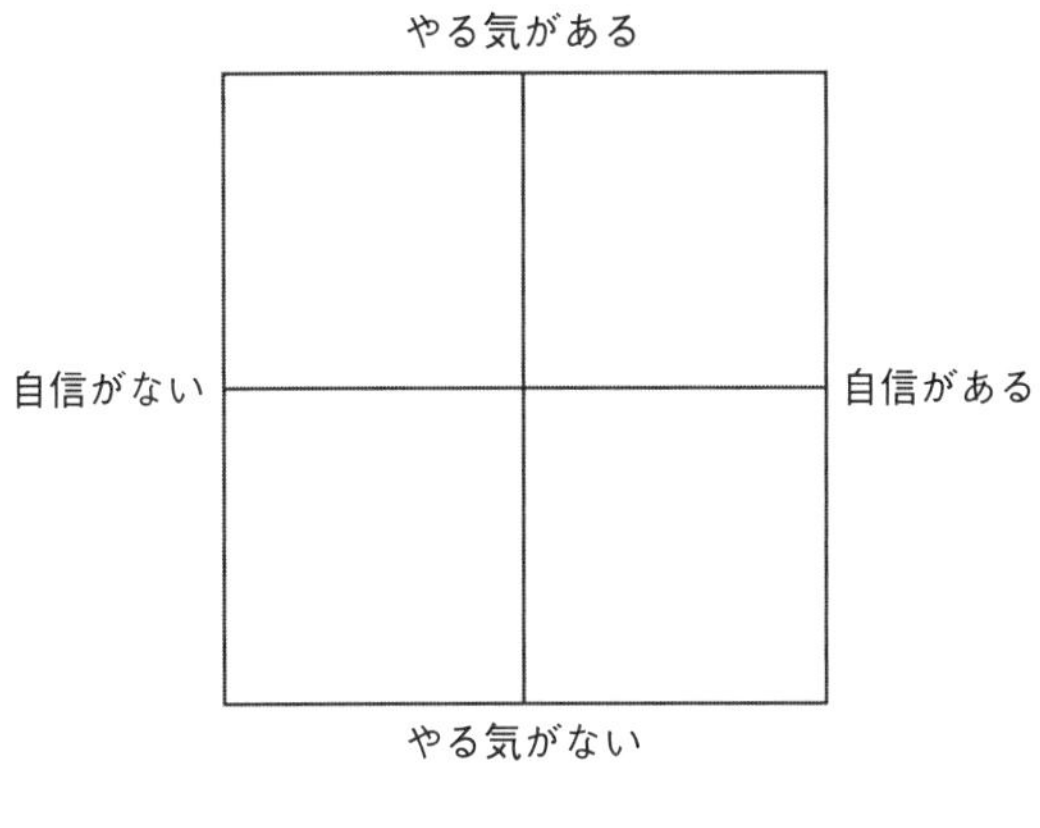

ます。自分から進んで取り組むことで自信が生まれ、自信がもてるとさらにやりたくなります。身につけたスキルを活かせると気分がいいので、もっとやろうと意欲が湧いてくるのです。

たとえば私の場合、ここに入るのは「教えること」です。教えることにかけては比較的自信があり、自分の知識や技術をつねに向上させたいと燃えています。

左上には、やりたいけれど普段はやっていない活動が入ります。時間をかけてスキルを身につけようとはしないので、自信もありません。歌やスキー、外国語学習など、なんであれ、完全にのめり込むのを妨げる何かが存在します。もっと時間を取って熱心に取り組むと決意するだけで、右に移すことができるのですが。私の場合、ここに入るのは「エクササイズ」です。健康を維持したいという気持ちは強いものの、自分が目指すところまで十分な時間はかけていません。

左下に入るのは、まったく興味をもてない活動です。やる気も自信もありません。こうした活動は、それを喜んでやってくれる人に外注すればいいのです。私の場合は「請求書の支払い」がそれで、夫にやってもらえてハッピーです。外注以外に、何とかやる気になる方法を見つける手もあります。どうしてもやらなければいけない作業であれば、それについての受けとめ方を変えればいいのです。作業のプロセスではなく結果に注目する、作業を楽しくする方法を見つける、途中でご褒美をもらえるようにする、といったことが考えられます。たとえば、どうしても請求書の処理を自分でしなくてはいけないなら、作業中に好きな音楽をかけたり、やり終えた後の自分へのご褒美を考えたりします。

最後の右下の枠には、自信はあるけれど、それほど情熱をもてない活動が入ります。すでに身についているのに、その活動を楽しめないというのは、一体どうしたことでしょう。なぜやる気になれないのかを突き詰めて考えると、最低限のことが身につけばそれでいいと思ったり、繰り返しに飽きたりしている場合があります。ですが、やる気を高めると、一段上のスキルが身につきます。

私の場合、ここに入るのは「料理」かもしれません。かなり夢中になった時期もありましたが、基本が身につくと、新しいレシピを試すことはなくなり、おなじメニューばかりつくるようになりました。私にもっとやる気があれば、新しいレシピに挑戦し、技術を身につけたことでしょう。やる気がないのは、自分自身の選択の結果だと理解することで、自らのエネルギーをどうフォーカスするかをコントロールできます。右下の活動について、もっとやろうとするかどうかは自分次第です。

私は、ある枠から別の枠へ短期間で移っていく人たちを見てきました。たとえば数年前、STVPの私たちのチームに、最低限の仕事しかしていない女性がいました。確かに聡明でクリエイティブなのですが、質の高い仕事をしようという努力がみられません。何をやるにも時間がかかり、間違いが多いのです。

そこで、私は本人と話をすることにしました。すると翌週、てきぱきと仕事をし始めたではありませんか。私は唖然として、何が起きたのか尋ねました。彼女の答えは、「いい仕事をすると決めたんです」というものでした。だとすれば、私と話し合う前は、いい仕事をしないと決めていた、ということになります。本当はできるのに、お尻を叩かれるまで、いい加減にやることを自分で選択していたわけです。スイッチを入れた途端、彼女の姿勢が変わり、パフォーマンスは向上しました。

これは、人生のあらゆる面にあてはまることではないかと思います。人生で起きるひとつひとつのことに、どういう姿勢で臨むかを、一人ひとりが選択しているのです。白い光を考えてください。白色は、スペクトラムの他のすべての色からできています。別のレンズを使えば、別の色が見えます。どのレンズを使うかの選択は、自分次第です。

ロマンチックな場面でも、バーでのパーティでも、何かを経験するときは、何らかの感情を伴います。どんな点に気がつくのか、どんな感情を感じるのかは、自分で決めているのです。おなじ出来事を経験した色んな人たちに、その出来事を振り返ってもらうと、一人ひとりがどんな世界を見るのを選択したかによって、覚えていることがまるで違うのです。

私はあえて「選択する」という言葉を使っていますが、それは一人ひとりに自分が使うレンズを選択する責任があるからです。違うレンズを選択すれば、違う課題、違うチャンスが見えてきます。課題は克服できるという目で世の中を見れば、そういう風に見えますし、自分は犠牲者だというレンズで見れば、その役割を演じることになります。思い出してほしいのですが、問題だと思えるものはじつはチャンスであり、問題は大きければそれだけチャンスも大きいのです。

与えられたもので何をつくるかは、自分次第です。第2章で取り上げた、三角形の絵について考えてみてください。完成形は無限にあるのです。ジョン・ガードナーは、一九九〇年にマッキンゼーで行なった講演で「人生とは、消しゴムなしで絵を描くようなもの」だと言いました。つまり、人生が与えてくれるものを受け入れること、それをどう受けとめるかが問題なのです。ガードナーはさらにこう続けています。

なぞなぞの答えや宝探しの賞金と違って、「意味」は必ず出会うものではありません。意味は、自分で見出すものです。自分の過去や、好きなことや、自分に引き継がれた人類の経験、自分自身の才能や理解、信じること、愛するモノや人、何かを犠牲にすることを厭わない価値、そういったものから、見出していくのです。材料は揃っています。それらを組み合わせて、あなたの人生というユニークなパターンに仕立てられるのは、あなたしかいないのです。

人生を意味あるものにするかどうかは、一人ひとりにかかっています。パキスタンのスハル・エンパワーメント・ソサイエティの創立者、カリダ・ブロイの生き方を知れば、そう思わざるを得ないでしょう。彼女が生まれ育った村では、親の希望に従わなかった若い娘を殺す「名誉殺人」が行なわれていました。親が選んだ男性との結婚を拒否すれば、殺されても仕方ないと考えられていたのです。

首都のカラチの学校を卒業し、一六歳で村に戻ったカリダは、幼なじみが親の決めた相手ではなく、好きな男性と結婚しようとしたため殺されたことを知ります。これでカリダは目覚めました。都会の生活を経験したことで、名誉殺人は野蛮で必要のないものだと気づいたのです。カリダは地域の女性の権利を守るために立ち上がりました。クリントン・グローバル・イニシアチブでのインタビューに、こう答えています。

一六歳のとき、名誉殺人で友人を亡くしました。……来るべき時が来たのです。私はこうした女性すべてのために何かをしなければいけない。十代らしい使命感に燃えていました。世界中の女性を名誉殺人から救うのだと思いました。

カリダは女性に商売を教え、経済的自立を促すスハル・プログラムを立ち上げました（スハルは、「スキルと自信をもつ女性」を意味します）。今後一〇年で、一〇〇万人以上の女性を支援することを目指しています。この目標が、彼女をして名誉殺人の最善の解決法を見つける実験をする気にさせたのです。カリダはそれがどれほどおぞましいものであろうと、目の前の現実を受け入れ、意味ある何かを生み出したのです。

―◆◆◆―

最後の話は大きな問題に焦点をあてていますが、私たちの人生でぶつかるのはもっと平凡な問題です。一日中、側道の割れ目に躓いているようなものです。それを問題ではなくチャンスとみて、チャンスを活かそうとするかどうかは、私たちの選択です。目をつむって歩くのではなく、生活のなかで課題を見つけ、それを克服するように自分自身を鍛えることが重要です。ちょうど、ドン・ウェトリックの教え子たちがそうであったように。

インベンション・サイクルでは、最初にひとつのことにどっぷり浸かり、どうありたいかを思い描くことで（想像力）、どのようにやる気を高められるかを見極め、実験を繰り返しながら答えを見つけます（クリエイティビティ）。次の章では、ほんの少しのやる気が、ささやかな実験につながることを見ていきます。実験結果を受けてやる気が高まり、それが自信になり、さらに挑戦しようという情熱が生まれます。自分のやる気を高めるものを選択するのは自分です。ほんの少しのやる気があれば、動き始めるのです。

課題

1 自分は何でやる気になるのか、短期、中期、長期で考えてみましょう。家族や学校、仕事、地域など、生活のさまざまな場面について考えてみましょう。

2 自分の活動が、やる気と自信のマトリックスのどこにあてはまるのか、書き入れてみましょう。友達や家族、同僚にもおなじことをしてもらい、結果を比べてみましょう。なぜ、その活動をその枠に置いたのか、右上に移動させる方法はないのか、考えてみましょう。

第4章

実験を繰り返す――卵は割れてもかまわない

フェイスブック社でエンジニアとして働いていたジャスティン・ローゼンシュタインは、多様な人材が大勢集まったチームで仕事をするのがひどく苦痛でした。「仕事に関連した仕事」に時間を取られ過ぎて、本来やるべき仕事ができません。チームの足並みを揃え、誰かが遅れていないかを把握し、各自の仕事を全体の計画にはめ込んでいくには膨大な時間がかかります。愚痴りたくなっても仕方ない状況でしたが、ジャスティンはこの問題に真正面から取り組み、新しい解決法を試そうと考えました。

ジャスティンは、一年をかけて、フェイスブック内にチームで共有するタスク管理ツールを構築し、テストしました。このソフトを使えば、雑事に煩わされることなく、メンバー全員がコミュニケーションを取り、共同で作業ができます。使い勝手がとてもよかったため、社内全体で使われるようになりました。このプロジェクトにのめり込んでいたジャスティンは、他の企業にもこのソフトを広げられるのではないかと起業を決意します。そして、フェイスブックの共同創業者であったダスティン・モスコヴィッツと共にアサナ社を設立しました。あらゆるタイプの組織の生産性を向上させたい——その強い思いがジャスティンを駆り立てたのでした。

当初、ジャスティンは自分が開発したソフトで起業しようなどとは思っていませんでした。ただ情熱をもって取り組むほど、チャンスが訪れたのです。自分ならできる、という自信も湧いてきました。これこそ、クリエイティビティの核心です。想像力を使って課題に取り組み、意欲が湧いてくると試してみようと思います。

じつは、私たちは誰しも実験を繰り返すようにできています。会話をするときは、相手の反応をみながらそれに合わせて話をします。新しい商品は、まずは試してみて、自分が求めるものかどうかを確かめます。初めての食品を口にするときも、自分の好みにあうかどうか味見をします。このように、直感だけに頼るのではなくプロセスを意識すると、実験は有意義なものになります。これは実験なのだと意識すれば、集まるデータも多くなり、その結果にうまく対応できるようになるのです。

ジャスティンらはアサナ社で、まさにこのとおり実践しています。四か月ごとに社員全員が集まって次の四か月の計画を立てます。全員で知恵を出し合って優先的に行なう実験をいくつか決め、そのひとつひとつについてリスクとリターンを評価します。高いリターンが期待できる一方、失敗のリスクも高い大きな賭けもあれば、確実なヒットが見込める製品を徐々に改良していく、といった実験もあります。

さらに新しいプロジェクトについては、それぞれについてビジョンを描き、次の四か月に何が起きるのかを予想してレポートにまとめます。「プレモルテム」とも呼ばれるこの作業は、プロジェクトが始まる前に行ないます（プロジェクトの後にまとめられるレポートは、「ポストモルテム」）。プレモルテムでは、プロジェクトを始動する前に起こりうる事態を予想するので、予想される障害を避けることができ、成功へのしっかりした基盤が整います。

プレモルテムのレポートには、すべてが順調に行き、大きな成功を収めると予想したものもあれば、何もかもうまくいかず、プロジェクトは失敗すると結論づけるものもあります。こうしたやり方をすると、関係者全員が自分たちが取り組んでいる実験にどんな可能性があるかを理解し、問題になりそうな点を把握することができます。ビジョンを描くプロセスは、うまくいく場合とうまくいかない場合を予想し、落とし穴を見つけて、誰かがそこに落ちる前に修正する機会になるのです。その後の会議では、結果だけでなく、そこに至ったプロセスを検討し、より良い結果を得るために実験を続けます。

―♦♦♦―

前に述べたとおり、思慮に富んだ実験はクリエイティブなプロセスの核であり、それによって可能性を思い描く想像力の段階から、実現する方法を探し始めるクリエイティビティの段階に移ることができます。実験することで、代替案がいくつもあることがあきらかになり、それらを評価することができます。

子どもは自然にこうした実験を繰り返して世の中の仕組みを発見しています。カリフォルニア大学バークレー校とエジンバラ大学の研究者は、幼稚園児の方が大学生よりも実験精神に富んでいるのではないかと考え、これを確認する実験を行ないました。四歳から五歳の幼児一〇〇人を集め、オルゴールを鳴らすよう指示しました。蓋についた様々な形の粘土のツマミを押すと曲が鳴りだす仕組みです。おなじことを一七〇人の大学生にもやってもらいましたが、幼児の方が圧倒的に曲を鳴らせたのです。

研究チームの一員アリソン・ゴプニクは、子どもの方が普通とは違ったやり方を試そうとするからだとみています。公共ラジオのミシェル・トルドーのインタビューに次のように答えています。

頭が柔らかく、柔軟な発想ができるのです。子どもはありえない仮説を試します。幼い子どもは、実験して学ぶということが自然にできます。一方、大人は最初から一番ありそうな答えに飛びつき、それがうまくいかなくても、こだわり続けます。頭が固く、小さな枠のなかでしか考えられないのです。この研究から、解決策が意外なものである場合、子どもの方がうまく解決できると考えられます。

柔らかい頭を大人になっても保ち続ける方法があります。「プレトタイピング」のスキルを磨くのです。この言葉を最初に使い始めたのは、アルベルト・サヴォイアです。彼はハイテク企業の製品開発チームでリーダーを何年か務め、直近ではグーグルのイノベーション・アジテーターとして活躍し、プレトタイピングに関するアイデアを発展させました。たいていの人は、自分のアイデアに惚れこんで実際にそれが求められるものかどうかを見極める前に、時間もお金もかけ過ぎてしまっています。

そこで、「投資する前にテスト」して、製品をつくるかどうかを判断しようというのがプレトタイピングの考え方です。アルベルトはこう言います。「プレトタイピングでは、自分たちが間違っていることを前提にしています。自信満々で行動するのではなく、慎重に行動して、飛びこむ前に仮説を検証しているのです」

プレトタイピングではなく、「プロトタイピング」の価値は広く認められています。自分たちが目指すもののサンプルをつくることで、それによってサイズや重さを変えたり、ユーザー体験を検証したり、ウェブサイトやサービスを見直す、といったことができます。これらはすべて、「つくれるかどうか」という視点に立っているのが特徴です。

ですが、そもそも、つくるものが間違っていたとしたらどうでしょう。プロトタイプは、プロトタイプをつくる前の段階で、正しい方向に進んでいるかを確認するための実験です。アルベルトはプレトタイピングについて書いた著書（この本自体がプレトタイプです！）で、こう言っています。

プレトタイプは、プロトタイプにかかる何十分の一かのコスト、つまり数週間から数か月ではなく、数時間から数日の期間と、ドルではなくペニー単位の費用で、新しいアイデアを実行すべきかどうか、貴重な使い方やデータを集めることができる。プレトタイピングを使えば、早く失敗して、早く立ち直ることができるので、時間とカネとエネルギーと情熱が尽きることがなく、次々に新しいアイデアを試して、ほんとうに求められる製品やサービスを見つけることが可能になる。

プレトタイプには、もうひとつ重要な利点があります。それほどのめりこまなくても、簡単に実験ができるのです。何かアイデアを思いついたら、ほんの少し入口に踏み込んでプレトタイプで可能性を試せばいいのです。もっと言えば、新しいアイデアというのは、失敗する場合が圧倒的に多いのですから、できるだけ早く試して、方向性が正しいかどうかを確かめた方がいいのです。

アルベルトは、アイデアを試すのに使える実験を参考としてまとめています。いくつか紹介しましょう。

メカニカル・ターク（機械仕掛けのトルコ人）

この方法では、高度なコンピュータのタスクを人間にやらせます。メカニカル・タークという言葉は、一八世紀のヨーロッパに由来します。ある発明家がトルコの民族衣装とターバンをつけた機械仕掛けの人形をつくり、チェスができると喧伝したのですが、じつは、テーブルの下に人が隠れていて、人形を操っていました。

このコンセプトは、いまだに使われています。たとえば、アマゾン・メカニカル・タークでは、写真の識別や原稿の見直しといったソフトウェアが苦手とする作業を、外注して人手で処理します。プレトタイピングでのメカニカル・タークもまったくおなじです。お金をかけて複雑なツールを作るのではなく、まずは自分でやってみるのです。たとえば、写真の識別のための高度なプログラムを設計するのではなく、若者を何人か雇って少額のアルバイト料を払い、このサービスが求められているかどうか確かめるのです。

ピノキオ・テクニック

これは、安価な代役として「木製」の模型でアイデアを形にする方法です。製品やサービスがどのように生活に取り込まれるかを確かめるのによく使われます。この手法の絶好の例といえる、中学生によく出される課題があります。バスケットに生卵を入れ、割れないように一週間持ち歩く、という課題です。生卵を赤ん坊に見たて、親の立場になって傷つきやすい赤ん坊の面倒を二四時間見るとはどういうことかを少しでも体験してもらおうというわけです。単純なプレトタイプですが、本物の赤ん坊を何十人も連れてきて傷つける心配をせずに、赤ん坊の世話をするとはどういうことかを疑似体験できる、じつに効果的な実験です。

ファサード

これは、まだ存在していない製品やサービスを宣伝して、人々の関心の度合を測る手法です。ネットやラジオ、新聞、チラシなどに広告を載せて、反応を見ることができます。反応は実際の関心を測る目安になります。アイデアラブを経営するビル・グロスが好例です。ビルはまだ電子商取引が一般的でない時期に、ネットで車を買う人がいるかどうか確かめたいと考えました。そこで試しに、販売用の車を載せたページだけのウェブサイトを立ち上げました。ビル・グロス本人の弁を聞きましょう。

カーズ・ダイレクト社を始動したのは一九九九年のことです。当時はネット上でクレジット番号を入力することすら怖がられていましたが、そこで車を売ろうというのです！　水曜の夜、サイトを立ち上げたところ、木曜の朝には四台の注文が入りました。慌ててサイトを閉鎖しましたが、ネットで車が売れることが証明されたのです。そこで本物のサイトをつくり、会社を興しました（注文を受けた四人には、販売店で車を買って納品し、赤字を出しました）。

こうしたプレトタイピングの最も重要な目的は、データの収集です。結果が期待どおりでなくても、貴重な教訓が得られ、次の実験に活かすことができます。短時間しかかけていないので、最小の痛手で済みます。大した労力はかけないので、その結果に責任を負う必要はありません。生活でも勉学でもビジネスで、実験の連続だと捉えれば、その結果はデータとして次の実験に活かせばいいのです。

ピーター・シムズは、著書の『小さく賭けろ！　世界を変えた人と組織の成功の秘密』〔邦訳：日経BP社〕で、ヒットした製品やプロセス、成功した組織を支えた実験的プロセスについて考察しています。私たちは最終製品を見て、最初から完全な形で作られたと思いがちですが、実際はそうではありません。大ヒットしたギャグであれ、ビジネスの戦略であれ、洗練された製品であれ、実験を繰り返しながら練り上げられたもので、小さな一歩の積み重ねなのです。ピーターは、このプロセスを次のように説明しています。

この実験的なアプローチの核では、アイデアを発掘し、テストし、改良して十分に実現可能なものにするために、小さな賭けとして具体的な行動が行なわれている。クリエイティブな可能性として小さな賭けを繰り返し、時間をかけて磨き上げる。不確実ななかで前に進み、何か新しいものを生み出したり、つかみどころのない問題に取り組んだりするときに、特に小さな賭けをする価値がある。何が起きるかわからないとき、小さな賭けは、理解できない要素を事前に手探りで把握するのに役立つ。天才は滅多にいるものではないが、クリエイティブなアイデアを引き出すための小さな賭けは誰でも活用できる。

誰かと共同で仕事をするか、誰かの下で働いていると、許可を得てからアイデアを試そうとする傾向があります。これは良いことのように思えますが、実際は裏目に出る可能性があります。スタンフォードのハッソ・プラットナー・デザイン研究所（通称dスクール）の同僚で、コンサルティング会社ピープル・ロケットの経営者でもあるリッチ・コックスは、「許可を得るのは、誰かに責任を転嫁しているだけだ」と言っていますが、じつに的を射ていると思います。

これはとても重要です。誰かに実験のお墨付きをもらうのは、その誰かにリスクを負わせることになります。そして、それは代償を伴います。お墨付きを与えた誰かは、実験の成功に直接関わるわけではないので、リスクを回避しようとし、その実験を深追いしないように指示する可能性が高いのです。それが小さな賭けであり、実験によって興味深いデータが得られると思えば、許可をもらわずリスクを取るのが理に適っています。アイデアに価値があるかどうかは、実験で確かめるのです。実験すればデータが集まり、それをしかるべき人に見せて、より大きな投資を承認してもらうことができます。

―◆◆◆―

ＳＴＶＰでは実験という「文化」を育んでいます。センターを、起業教育に関連した実験を行なう実験室と明確に規定しています。それぞれのプロジェクトを実験とみなすことで、新しいことに挑戦する勇気が得られますし、結果が期待したものとは違っても驚く人はいません。実験の結果によってプロジェクトを強化するのも打ち切るのも自由です。

たとえば、ポッドキャスト（がそう呼ばれる前から）で初期の実験を行ないました。結果が良かったので、規模を拡大しました。一方、オンライン講座（ＭＯＯＣｓ）を開講し、いくつか講義を配信しましたが、手間と費用を考えれば間尺に合わないと判断し、打ち切ることにしました。詳細な事業計画を立て、念入りに準備してからスタートしていれば、どちらもうまくいかなかったでしょう。実験してみるまで、何が起きるか把握する方法はないのです。

ここ数年、こうした実験のプロセスを「ハッカソン」として正式に導入する企業が増えています。複数のチームが特定の課題に取り組んだり、各チームが選んだ課題に取り組んだりしますが、数時間から数日かけて大胆な実験を行ないます。かける時間が短いので、失敗しても大した痛手ではありませんが、うまくいけば大きな見返りが期待できます。最初の実験で可能性が見えると、モチベーションが高まり、さらなる実験が続いていきます。

実験を積み重ねてアイデアを形にした好例を紹介しましょう。アン・フレッチャーは、小さな苗をいかに枯らさず育てるか、という課題に取り組んでいます。湿気が足りないと枯れてしまうことは経験から知っています。アンが目指したのは、毎日水をやれない環境でも苗が育つ方法を見つけることでした。

これは口で言うほど簡単ではありません。この二年間、何百通りもの方法を試しました。最初は、水が滴り落ちる新しい水やりシステムを設計しましたが、最終的に、六つの穴に苗を入れ、内側に水を貯めておけるポットに落ち着きました。ポットは粘土製で、孔がたくさん空いているので、水分が土に徐々にしみ込んで、苗に水を供給する仕組みです。毎日水をやらなくても、週に一度だけポットに水をいっぱい入れておけば、確実に水が与えられます。

この苗ポットがうまくいくとわかると、アンは少しずつ手を加えるとどうなるかを試し、その結果を記録していきました。すべてのポットにシリアルナンバーをつけているので、どこをどう変えれば結果がどうなるかを時系列で把握できます。ポットの土の配合や厚さ、釉薬、焼成方法をいろいろ変えて試しました。過去の経験から、失敗も成功もたくさんあるのはわかっていました。成功すれば次の挑戦の扉が開くけれど、その後は失敗の連続ということもあります。こうした経験を踏まえて、アンはオルタ社を設立しました。カリフォルニア州レッドウッドシティの自社工場で苗用のポットを製造します。そこでは、今も実験が続いています。

多くの人は、この話を聞いて、最初のアイデアは「安い」ものだったが、具体化するなかで価値が上がったと考えるようですが、その見方には断固反対です。これまで繰り返し言ってきましたが、アイデアは「安い」のではありません。無料（タダ）なのです。そこには大きな違いがあります。安いものには価値がありませんが、タダのものの価値は無限大なのです。

とはいえ、こうしたアイデアを形にするには、大きなコミットメントが必要です。ひとつひとつのアイデアは、アンが育てようとしている苗のようなものです。種は小さく、傷つきやすいけれど、大きく育って実をつけ、次の世代の種を生む可能性があります。大事に育てられたアイデアが次々に新しいアイデアにつながるという意味で、これはインベンション・サイクルそのものだと言えます。

実験のパワーを示す例をもうひとつ紹介しましょう。ピヤ・ソルカー博士は、途上国でのエイズ予防に尽力しています。スタンフォード大学で学習科学、テクノロジー、デザイン・プログラムを学んでいたとき、エイズに関する知識が乏しいインドの現状を伝える記事を目にします。ピヤが調査を始めた二〇〇六年当時、インドのＨＩＶ感染者はすでに六〇〇万人近くにのぼり、適切な教育が不足していたこともあって、感染者は爆発的な勢いで増えていました。

多額の資金をかけて、エイズの感染経路や治療法を教えるキャンペーンが行なわれていたものの、効果は上がっていませんでした。ピヤが学校を調査したところ、そもそもエイズ予防に関する一般的な知識が不足し、誤解されていることがわかりました。そこで、どうしてこんなことになったのか徹底的に調べ、実効性を上げるための新しい啓蒙資料をつくろうと考えました。

何百人とインタビューしてわかったのは、エイズ予防の啓蒙活動に、これさえやれば大丈夫という万能策はない、ということでした。インドでは地域によって言語が違い、社会的タブーとされることも違い、検討すべき政策も違います。たとえば、ある地域では、生徒に配るパンフレットを教師が焼き捨てていました。教師にしてみれば、写真が露骨すぎて、こんなものを使って教えられないというわけです。そのためパンフレットは配られることなく、捨てられていたのです。じつは、性教育自体が禁止されている州すらありました。

ピヤは、各地域の文化に合わせた啓蒙資料をつくり、エイズ予防の知識を高めるという課題に挑みました。ピヤをはじめスタンフォードの各学部から集まった研究者チームは、さまざまな角度から実験を繰り返しました。人形を使ったり、図解したり、喩えもふんだんに取り入れました。何年も研究と試行錯誤を重ねた末、キャラクターが登場する動画を制作しました。この動画は、社会的にも受け入れられ、わかりやすいものでした。

正確性を期すため、翻訳に間違いがないかやり取りを繰り返しましたが、そのなかで重要な発見と驚きがありました。たとえば、ある現地語では、「処置」と「治療」を表す言葉がおなじだったため、エイズの治療法がないというときに、治療は可能だと誤解されていたのです。

次のステップは、資料を使用するという同意を教師や親、政府から取り付けることでした。ピヤは俳優や歌手などインドの有名人に支援を呼びかけ、教育用ビデオに声で出演してもらいました。こうした有力な支援者を巻き込むために、どんなツールを使えばいいのか、どんな点を訴えれば心を動かしてくれるのか、実験を繰り返しました。調査結果に心を動かす人もいれば、成功体験に感動してくれる人もいました。そして、他の有名人の参加者リストを見て、参加を決めた人もいたのでした。

◆◆◆

第3章と第4章では、やる気と実験には密接な関係があることをみてきました。クリエイティブに問題を解決できるかどうかは、絶対に問題を解決するのだという意欲にかかっています。意欲があれば、効果的な解決法を探して、さまざまな方法を試してみようと思います。実験すればデータが集まり、それを見てさらに意欲がかき立てられます。これは、正の方向にはたらくフィード・フォワード・ループだと言えます。つまり、意欲が実験につながり、実験結果を受けて、さらに意欲が高まり、新たな実験につながる、という循環になっているのです。こうしてインスピレーションという小さな種が、大きなアイデアへと育っていくのです。

課題

1 プレトタイプの練習をしましょう。生活のなかで課題／チャンスを選びます。大きなものでも小さなものでも構いません。実現可能性を評価できるさまざまなプレトタイプを設計します。どの手法を使うのか、メカニカル・タークなのか、ピノキオ・テクニックなのか、ファサードなのか考えてみましょう。たとえば、レストランの新メニューを考えたり、目覚まし時計を埋め込んだ枕をつくったり、個人用にカスタマイズしたエクササイズのアプリをつくったりするとき、どんなプレトタイプを実践するのか考えてみましょう。

2 前の章でまとめた自分のやる気を高めるもののリストを眺め、それを踏まえたうえで、課題やチャンスに対応する実験を考えてみましょう。

3 実験してみます。今までにやったことのないことに挑戦し、何が起きるか観察します。社会的な実験でもいいし、体を使った実験でも頭を使った実験でも構いません。実験結果を積極的に見直し、わかったことを書き出します。それによって、さらに実験したくなったでしょうか。

第Ⅲ部

イノベーション

海辺を思い浮かべるのは、想像。

海の絵を描くのは、創造。

波の美しさを捉える新しい手法を開発するのが、革新です。

キャサリン（ケイ）・ヤングは、まさにこの流れを体現してみせました。想像力からクリエイティビティ、イノベーションへと発展し、海の雄大さを捉えるユニークな手法を完成させたのです。そのために必要なのは、徹底的に的を絞り、馴染みのある手法を新鮮な目で見直すことでした。

ヴァージニア州の海岸近くで育ったケイは海に惹かれ、波の絵を描きたいと絵を習いました。めきめきと腕を上げ、波のうねりや海岸に砕け散る波を油絵で完璧に捉えられるまでになりました。大学在学中から医学の道に進み、サンフランシスコで外科医として勤務するようになってからも、ずっと趣味として油絵を楽しんできました。

数年前、自分の作品に物足りなさを感じ、一段上のレベルに引き上げたいという思いが湧いてきました。そんなとき、以前に使っていた道具のなかに金箔――ティッシュペーパーの厚さに引き延ばされた本物の金――を見つけます。何年か前に家具に貼った残りでした。そのときに楽しかったことを思い出し、油絵にも金箔を使ってみようと思い立ちます。いつも絵を描く板のキャンバスを金箔で覆ってみることにしました。興味津々でその上に絵を描いてみると、見事な出来栄えになりました。

金箔を背景に薄い油彩絵の具で波を描くと、少量の金が浮き出ます。金は目に見えるわけではありませんが、背景の金で光の反射が変わり、従来の油絵よりも明暗がはっきりします。対象を細かく捉えることのできるケイの能力と、金箔で覆った背景とが相俟って、キャンバスではなく、自然光のなかで窓から眺めているかのような海の絵が完成しました。

ここ数年、ケイはこの手法でさまざまな実験を行なっています。背景に金箔や銀箔を使って、異なる時間帯や気象条件のもとでの海の様子を捉えようとしています。この革新的な手法には、海の絵を、自分の内面を見つめるきっかけにして欲しいというケイの願いがこめられています。ちなみに、この作品のシリーズには、「内省の場所」というタイトルがつけられています。

ケイは、何年もかけて技術を身につけたうえで、油絵の風景画の常識を疑ったからこそ、こうした斬新な手法を開発できました。じつは、ここにイノベーションのカギがあります。つまり、想像力をベースに（ひとつのことにどっぷり浸かり、ビジョンを描き）、クリエイティビティを発揮し（やる気を高めて、実験を繰り返し）、イノベーションを起こして（フォーカスして、フレームを変えて）独自のアイデアへと発展させるのです。

参考のために、白黒ですがケイの絵を掲載しておきます。この絵は、的を絞ってひとつのことに集中し、古いものを新しい目で見ることからイノベーションが生まれるものだと、目に見える形で教えてくれています。

「The Invitation」 キャサリン・ヤング

第5章

フォーカスする――ゴミ箱のなかを整理する

数週間前、ニューヨークのニューアーク空港に降り立った私は、すぐにタクシーに飛び乗り、ダウンタウンのホテルに向かいました。いつものように運転手とおしゃべりを始めたところ、運転手はハイチ出身で、母語はフランス語、二人の子をもつ父親であり、一日一四時間から一六時間の勤務を週に六日、一五年続けていることがわかりました。新しい客を拾うには空港で三時間待たねばならないこと、一日の客は平均三人で、一人あたり五〇ドルは欲しいこと、それでも生活が苦しいこともわかりました。

空港のタクシー運転手は、次の客を待ちながら、平均で一日九時間も休憩室で待機しているのです。ほとんどの時間はテレビを見て過ごしているといいます。単純計算では、週に五〇時間休憩室にいると、一五年間では四万時間にもなります。なんということでしょう。この時間のほんの少しでも、コンピュータのプログラムを書くとかマジックのトリックを習うとか、新しいスキルを身につけるのに使っていれば、結果はまったく違ったものになっていたのではないでしょうか。

これは極端な例ですが、指から砂がこぼれ落ちるように、時間を無駄にしている人がほとんどではないかと思います。計算してみましょう。一日は二四時間です。睡眠に八時間、食事や入浴などに五時間使うとすると、残りは一一時間です。一週間だと七七時間になります。週五〇時間働いても二七時間余ります。年間では一四〇〇時間です。自分の好きに使える時間がこれほどあるのです。

一日二四時間は、誰しも平等に与えられています。それをどう使うかは自分次第です。私はよくアメリカ大統領もノーベル賞受賞者もオリンピック選手も、みんな私とおなじように二四時間しかないのだと思い出すようにしています。こうした人たちは、私と、そしてみなさんとおなじ時間で、偉業を達成する方法を見出したのです。

タクシー運転手の話に戻ると、彼は暖房、換気、エアコン修理の資格を持っているけれど、初任給がタクシー運転手よりも安かったので、その仕事に就かなかったそうです。ゆくゆくは年功で給料が上がり、独立できる可能性もあったのに、目先の利益を優先してその可能性をあきらめたわけです。これは「先延ばし行動」と呼ばれるもので、もう少し努力すればもっと良い結果になることがわかっているのに、とりあえず目先の安易な仕事に手をつけようとする傾向です。長い目でみれば価値が下がるとわかっているときですら、取りやすい低い木の実を取ってしまうのです。

ペンシルヴァニア州立大学の先延ばしの研究を簡単に紹介しましょう。

デイヴィッド・ローゼンバウム、ランユン・ゴン、コリー・アダムは先延ばしの能力を調べるため、大学生二七人を小道に連れていった。両側にはペニー硬貨をいっぱい入れたプラスチックの黄色のバケツが置いてある。一方は学生に近い場所、もう一方は小道の奥に近い場所に置かれている。どちらか一方、楽だと思う方のバケツを取って道の奥にあるゴールまで運ぶように指示する。

驚いたことに、ほとんどの学生は、自分に近いがゴールからは遠いバケツを手にする。運ぶ距離は長いことになる。多くの学生は、終わった後に、「できるだけ早く終わらせたかったから」といった類のことを口にする。

私たちの多くは、これとおなじことをしています。長期的な成功を犠牲にして、目先の利益が得られる選択をしているのです。家のなかを片付けるとき、少し時間を取って要るものと要らないものに分類し、要らないものを捨てればいいのに、とりあえず「使わないもの」をどんどん引き出しに入れていないでしょうか。あるいは、製品をつくるとき、早く仕上げようとして、どこか工程を省いていないでしょうか。テクノロジーの世界ではこれを技術的な負債、設計上の負債と呼びます。最終的に完成させるには、いずれやらざるをえないから負債なのです。製品を早く世に送り出すために、進んで負債を負っている企業が少なくありません。ただし、負債は「返済」しなければ、膨らみ続け、後でもっと大変になることはわかっているのです。

◆◆◆

長期的に有意義な目標を選び、手を抜くことなく目標達成に近づくには、地道な努力が必要です。クリエイティビティのパートで述べたように、手軽な実験でアイデアを試すだけの意欲はあったとしても、的を見据えて集中しなければ、長期的な目標はいつになっても達成されることはありません。映画を制作するにせよ、会社を興すにせよ、あるいはマジシャンになるにせよ、ほんとうに目標を達成するには、意欲や実験よりはるかに多くのものが必要です。

意欲や実験は、必要条件ではあっても十分条件ではありません。たとえば、映画のあらすじを思いつく、紙ナプキンの裏に事業計画を書く、マジックの道具を買う、といったことは誰にでもできるでしょう。これらは最初のステップであって、目標を達成するには、それを見据えて、次なるステップを踏み出さなければいけません。当たり前に聞こえるかもしれませんが、実際にそうしている人は少ないのが現状です。

集中するコツは、そのための時間を捻出することです。言うは易く、行なうは難しですが、優先順位が最も高い目標を前面に押し出すのです。一日あるいは一週間がやるべきことで埋まっていて、どうやって新しい予定を入れればいいのかわからない、という人は多いでしょう。やるべきことを片付けるのに忙しく、やりたいことをやる時間がないのです。

―◆◆◆―

私は長年かけて、最重要課題に集中できるように、やるべきことを足したり引いたりできる喩えを編み出しました。自分の人生を、やるべきことでいっぱいのゴミ圧縮機と考えるのです。新しいプロジェクトに取りかかるときは、圧縮機はその責任でいっぱいになります。やるべきことに慣れてくると、中身は圧縮されるのでスペースができます。

たとえば、最初に大きな会議を主宰したときは、プログラムを策定し、ネットワークを構築するのに、かかりっきりでした。二度目は、資料のリストもありますし、どうすればうまくいくかもわかっています。そのため、準備の時間も少なくて済み、並行してほかのプロジェクトに取り組むことができました。経験を積むほど、ひとつのことにかかる時間は少なくなるので、他のことを並行してできるようになります。

新たに責任ある仕事を引き受けると、圧縮機に入るものが増えます。すでに身についているスキルや資源を活用するのであれば、最初からスペースはそれほど取られません。仕事をひとつ終えると、その作業には慣れて能率よくこなせるようになるので、中身は圧縮されて、新しい仕事を引き受ける余裕ができます。経験を重ねれば重ねるほど、圧縮機は圧縮を続け、新たなことに取り組む余裕が出てきます。でも、いずれ圧縮機がいっぱいになって、これ以上何も入れられないときが訪れます。そうなると、不要物を取り出す時期なのです。

圧縮機にいっぱいになった中身を処理する方法は、三通りあります。第一に、一部を捨ててしまう方法。第二に、一部を他の人に渡す方法。渡された相手は、それを自分の圧縮機に入れます。そして最後が、圧縮機に残しておく方法です。それぞれの方法を私がどう活用したか具体的にお話ししましょう。

先ほど述べたように、私は一〇年以上、「起業教育に関する円卓会議」を主宰しました。最初は一年に一度のつもりで、スタンフォードで開催しましたが、何か月もほとんどそれにかかりきりになりました。でも、何年か経験を重ねるうちに、準備にそれほど時間がかからなくなりました。そして、年一度の会議を欧州、アジア、中南米と広げていき、最終的には中東でも開催しました。

この時点で、他の仕事をしながら、すべての会議の運営をこなすのは私の能力を越えてしまいました。そこで、選択肢を検討したうえ、海外での会議については人を雇い、運営を任せることにしました。新しい責任者は当初、海外の会議で自分の圧縮機をいっぱいにしましたが、経験を重ねるにつれ、中身を圧縮できるようになり、他のプログラムへの対応が可能になりました。そのお蔭で、私一人ではとても対応しきれなかった依頼も引き受けられるようになったのです。

「学生がチームを組んでイノベーションのアイデアを競う「グローバル・イノベーション・トーナメント」の運営については、別の方法を選びました。このプロジェクトは、私が担当するクリエイティビティの授業の演習として始まり、大学全体の大会になり、ついには世界的な大会へと発展したものです。世界大会を運営するとなると、メンバー全員の時間を何週間も取られます。大会期間中は、他のことが一切できません。そのため、決断を迫られました——運営をサポートするスタッフを増やすのか、大会そのものを止めてしまうのか。私たちは、他の人たちの参考になるように、大会の運営をとおして学んだことを詳細にまとめ、それで一区切りつけることにしました。とても有意義な実験ではありましたが、自分たちの圧縮機から取り出すことに決めたのです。他に手を挙げる人がいれば、その人たちに運営を任せるのがいいと考えたのです。

時間と手間はかかるものの、どうしても圧縮機に残しておきたいことがあります。それらは私の核となる活動で、他の人に任せたり、やめたりしたくありません。たとえば、講義はいつも圧縮機のなかにあり、毎年、おなじだけの時間と労力がかかります。毎年、新たなメンバーとチームを組み、新しいプロジェクトや課題を取り入れています。これらは、私の圧縮機のなかで重石の役割を果たしています。将来は、誰かに任せるか、一切やめてしまう可能性がないわけではありませんが、今のところは私にとって核の部分になっています。

時々、不要になったものを取り出すことを意識させてくれるという点で、この喩えはとても役立っています。他の人に任せるか、やめることのできるプロジェクトは常に存在します。人に任せることができれば、そのプロジェクト自体は継続しながら、自分は浮いた時間で並行して仕事をすることができますし、一切やめてしまえば、新しいプロジェクトに集中できます。

◆◆◆

これまでみてきたように、自分の時間で何をするのか、行動を意識するのは大事ですが、何を考えるのか、思考を意識することも重要です。たとえば、通勤時間が長いのであれば、その日に対処すべき問題の解決策を考える、友人と電話で近況を報告する、オーディオブックやポッドキャストを聴く、瞑想して雑念を追い払う、といったことがあるでしょう。選択は自分次第ですが、意図をもって選択することが大切です。要するに、時間の配分とおなじくらい心の配分が重要なのです。私たちの頭はたえずコマネズミのように動いていますが、どんな風に頭を働かせるのかを一人ひとりが決めることになるのです。漫然と過ごすこともできますが、明確な目標について考えれば、大きな成果につながるでしょう。何に目を向けるのか、何を考えるのか、つまり注意力と思考は何より貴重な財産なのです。

思考は肉体に影響を与え、それがまた心に影響します。不安になると心拍が速くなりますが、これはストレスのせいだと思えば、さらに心拍数が上がります。どんどんエスカレートして手に負えなくなり、極度の不安に陥りかねません。こうした症状は不快であるばかりでなく、目標達成の邪魔になるのですから、このサイクルをいかに管理し、断ち切るかが重要です。

具体例を、前にも登場したジャスティン・ローゼンシュタインに語ってもらいましょう。ジャスティンは、リーダーであるには思考をコントロールするだけでなく、心を整えることが大事だと気づきました。スタンフォードでの講演から短く引用します。

リーダーとして最も重要なのは、自分の心を整える部分です。頭のなかで、そのやり方は間違っているという自分の声のようなものを聞いたことのある人が、この教室に何人もいるのではないでしょうか。自信を喪失させ、非難する声です。この声は自分自身が発したものとよく混同されます。自分の声として聞こえるので余計そう思いがちですが、自分が発したものではありません。頭のなかに非難がましいルームメイトがいるようなものです。こうしてお話ししたので、みなさんも今後は気をつけてください。私は何百回となく瞑想を続けてきましたが、いまだにこうした声が聞こえます。でも、以前と違って、この声とは新しい関係をつくることができました。声が聞こえると、こう言います。「ありがとう、助けようとしてくれたことには感謝する。頭のなかに居続けても一向に構わない。足を投げ出して、くつろいでくれてもいいが、それは私ではない。私は別の場所から決断する」。こうした声が絶えずやってきて、君は大きな失敗をしていると言われ、不安が襲ってきても、演じ続けるのです。

こうしたスキルは、マインドフルネスと呼ばれます。マインドフルネスとは、今この瞬間の自分の感覚や思考、感情に集中し、あえて判断をくわえることなく注意を向けることだと定義されます。ベトナムの高僧ティク・ナット・ハンによれば、「マインドフルネスは、穏やかで満ち足りているだけでなく、鋭敏で目覚めた状態である」といいます。めまぐるしく複雑な現代社会では、マインドフルな状態で何かに集中するには、よほど努力が必要です。私たちはたいてい複数のことを同時並行で処理していて、たえず邪魔が入り、気が散ります。電子メール、テキスト・メッセージ、電話、ソーシャルメディアの更新、同僚のおしゃべりといったことに気をとられ、なかなか集中できません。これでは、できることの質も量も大幅に下がります。

ソフトウェア・デザイナーのトリスタン・ハリスはこの数年、時間を賢く使うのに役立つ製品を設計するために、時間の使い方を研究しています。ブリュッセルで行なわれたTEDの講演で、電子メールやニュース・フィードを頻繁にチェックし、ソーシャルメディアで近況の更新を繰り返すのは、スロットマシンに興じているようなものだと言っています。何か新しいことがないかと毎回画面を操作するのは、ギャンブルをしているのとおなじです。一度にかける時間は短くても、スロットマシンで一度に投じる賭け金が少額なのとおなじで、積もり積もれば膨大になります。意識して使わなければ、自分の時間という貴重な資源は指の間からすべり落ちてしまうのです。

ハーバード大学の社会心理学者のエレン・ランガーは、マインドフルネスについて長年、研究を重ねてきましたが、意識を集中させることでいかに創造力が高まり、パフォーマンスが上がるかについて重要な発見をしました。ハーバード・ビジネス・レビュー誌の最近のインタビューから引用しましょう。

マインドフルネスは、積極的に新しいことに気づくプロセスです。マインドフルネスを実践すると、「今ここ」に、いるようになります。文脈や視点に敏感になります。それが、何かに没頭するということの本質です。私はこの研究を四〇年近く続けてきましたが、どんな尺度で見ても、マインドフルネスはより良い結果を生んでいます。何をしていても――サンドイッチを食べているときも、インタビューを受けているときも、機器を操作しているときも、レポートを書いているときも——心をこめてやっているのか、おざなりにやっているかで結果が違います。心をこめていれば、それは結果となって表れます。フォーチュン50のCEOにしろ、有名な画家や音楽家にしろ、トップ・アスリートにしろ、あるいは、優れた教師や機械工にしろ、どんな分野であれその道で一流と呼ばれる人たちは、「今ここ」に集中できるマインドフルな人たちです。なぜなら、それが、一流になれる唯一の方法だからです。

スタンフォードのコミュニケーション学部に所属していたクリフ・ナスは、同時に複数のことに注意を向けようとする場合の影響について研究しました。一般に、複数の仕事を同時にこなすのが得意だと思っている人ほど、実際にはできていないことがわかりました。仕事が増えるほど、パフォーマンスは落ちていきます。しかも、自分が間違いを犯していることに気づいていないのです。

クリフ・ナスらの研究チームは、次のような実験を行ないました。マルチタスクが得意だと自認する被験者に、赤い三角形が二つだけ描かれた図と、その二つの赤い三角形が二つ、四つ、六つの青い三角形で囲まれている図を見せます。どの図も二度さっと見せて、二度目に見せた二つの赤い三角形が、最初に見せた図と同じ位置にあるかどうかを答えさせます。周りの青い三角形には注意を向けないように指示されます。結果は、マルチタスクが得意でない人にくらべて、かなり劣っていました。この実験結果は、頻繁なマルチタスクによって集中力が損なわれかねないことを示唆しています。

ひとつのことにそれなりの時間集中した方が、生産性は大幅に上がりますし、創造力も発揮されます。『*The Organized Mind: Thinking Straight in the Age of Information Overload*（頭を整理する——情報過多の時代に理路整然と考える）』の著者で、神経科学者のダニエル・レヴィティンはこう言います。

> 生産性を上げ、創造力を高めたいのであれば、そして、もっと活力を得たいのであれば、一日をプロジェクトごとに割り当てるよう科学は教えている。ソーシャル・ネットワーキングに関わるのは、割り当てた時間内だけにすべきであって、絶えず他のことに邪魔されてはいけない。マルチタスクをやめ、ひとつのことに一定の時間、たとえば三〇分から五〇分没頭すれば、自然にクリエイティブになれる。

グレッグ・マキューンも著書『エッセンシャル思考』〔邦訳：かんき出版〕で、集中することの重要性について書いています。このなかで、集中（focus）という言葉は、動詞としても名詞としても使える点を指摘しています。この違いは重要です。成功するには、どう集中するか（動詞）だけでなく、何に集中するか（名詞）を見極めることも大事だからです。グレッグは一心に集中することと同時に、最も重要なことに集中することの価値をマトリックスにしました（下図）。

グレッグは、ビル・ゲイツとウォーレン・バフェットを例に挙げています。二人とも、成功の秘訣は、何に集中すべきかを見極めたうえで、それに集中できたことだと認めています。彼ら自身は、みずからを「編集責任者」として、集中すべき価値のあるものを選んでいると考えています。グレッグはこう言います。

重要なことに集中できるのは、パワフルな能力であり、多くのアイデアや情報、意見に振り回される現代社会において、おそらく最も強力な武器である。しかしながら、本当に重要なことに常にエネルギーを注ぎ続けたいと思うなら、どちらの集中力も伸ばす必要が

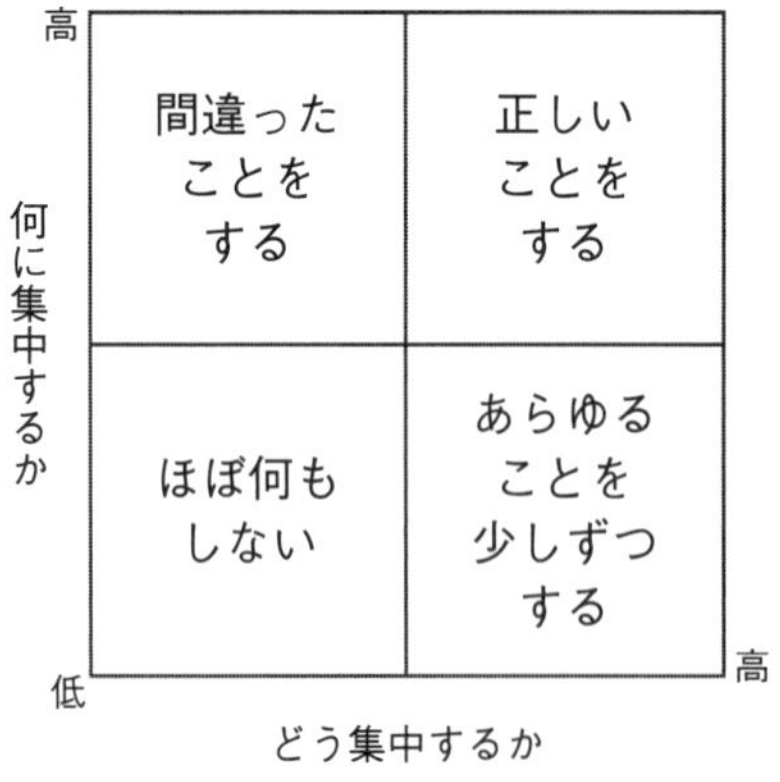

ある。そうすることでしか、「いま何が重要か」という質問に自信をもって答えることはできない。

これはスティーブン・コヴィーの代表作『7つの習慣』〔邦訳：キングベアー社〕の主張にも通じます。自分のあらゆる活動の重要性と緊急性を理解することから、成功は生まれるとコヴィーは言います。コヴィーのモデルでは、活動は四つに分類されます。緊急性も重要性も高いもの、緊急性は高いが重要性は低いもの、緊急性は低いが重要性は高いもの、緊急性も重要性も高くないものです。九〇パーセントの人々は、ほとんどの時間を「重要で緊急性の高いもの」にかけ、一〇パーセントを「緊急でも重要でもない」活動にあて「のんべんだらり」と過ごしています。なかには、ほとんどの時間を、緊急性はあるけれど重要でない活動に割いている人たちもいます。こうした人たちは、何か有意義なことをやっていると思っていますが、時間を無駄にしているに過ぎません。

成果を出している人たちは、たとえ緊急性はなくとも、重要な活動に注力しているとコヴィーは言います。そして、直感に反しているように思えるかもしれませんが、緊急性はないけれど重要な活動に時間を割くよう促します。たとえば、将来の計画を立てる、人脈を築く、といったことがそうです。こうして人は将来に備え、すべての仕事を全うすることができます。これを実践すれば、「成果は劇的に上がる。先を考え、根っこに働きかけているので、危機も問題も手に負える程度の小さなものになる」のです。

最も重要なタスクに集中するために、できることがいくつかあります。まず、仕事をする机周りをすっきり整理すること。身のまわりが散らかっていると、ガラクタに気を取られてしまいます。プリンストン大学とイリノイ大学の研究者は、機能的磁気共鳴映像法（ｆＭＲＩ）を使って、注意をそらすものが多いほど集中力が低下し、ストレスを強く感じることをあきらかにしました。要するに、その場が散らかっていると、頭のなかもごちゃごちゃなのです。

一流シェフの行動はヒントになります。一流シェフは、調理を始める前に、すべての材料を切り揃えておく習慣があり、フランス語で「mise-en-place」と言います。この習慣で、不必要に気が散ることがなく、規律が生まれ、調理に集中できます。多くのシェフは、キッチン以外の場でもこの習慣を活かしています。料理をしていないときでも、時間や資源には必ず優先順位をつけるという哲学を身につけているのです。

身のまわりを整理して集中力を高めるのにくわえ、心を研ぎ澄まし、エネルギーをチャージしなくてはなりません。心が不安定だとスキルは格段に落ちます。ハーバード大学医学部のウィリアム・Ｄ・Ｓ・キルゴアの研究は、先行研究を補強する形で、睡眠不足になると認知能力が低下することをあきらかにしました。睡眠が奪われると、思考の処理が遅くなり、記憶力が低下し、学習が困難になり、反応時間も遅れるというのです。要するに、目覚めているあいだの仕事は、睡眠の質と量に大いに左右されているのです。

集中すれば、鋭いナイフのように頭が冴え、問題の核心に切り込むことができます。それには、時間も心も、自分にとって意義あるものに割くことが必要です。重要でなくなった義務的な仕事を不要物として処理し、集中できるように、心も、そして身のまわりも整理整頓していきましょう。

課題

1 中断することなく、ひとつのことにどれだけ集中できるかみてみましょう。静かな場所を選んで、達成したいことに取り組みます。すぐに気が散るようなら、気を散らすものをひとつひとつ取り除く方法を探しましょう。たとえば、パソコンを閉じる、携帯電話の電源を切る、机の周りの気が散るものを片付ける、といったことです。

2 あなたのゴミ圧縮機には、何が入っているでしょうか。人に任せられるもの、削除できるものは何でしょうか。

3

134ページに掲載した、グレッグ・マキューンのマトリックスを見直してみましょう。ただ正しいというだけでなく、集中するに値するものを選んでいるでしょうか。そうでないとすると、右上に移動するために、何をする必要があるでしょうか。

第6章

フレームを変える――脳に刷り込む

夫のマイクと私は二年ほど別居したことがあります。二二年前、結婚七年後の出来事でした。いま思えば、とても苦しかったあの時期に、私のものの見方を根底から覆すような新しい発見をしたのです。

別居しているあいだ、結婚生活の良い面ばかりが思い出される日があり、そんなときは、一緒にいて良かった、楽しかったと思うことがいくつも頭に浮かびました。その反面、仲直りなんてとてもできないと思う日もあり、そんなときは、お互いの嫌な部分や欠点ばかりが浮かんできました。

ある日、冷静になって頭のなかのリストを思い返していて愕然としました。良いと思ったことの多くは、じつは良くないと思ったこととおなじで、見方が違うだけだと気づいたのです。フレームを変えることで、頭のなかの結婚生活のイメージが変わったのです。否定的ではなく、好意的に受けとめるフレームを採用したことで、私たちは仲直りすることができました。あれから二〇年以上が経ち、二九回目の結婚記念日を祝ったばかりですが、マイクも私も、あの困難な時期を乗り越えられたことをとても幸せに思っています。

――◆◆◆――

参照するフレームを変える力は、結婚という次元をはるかに越えて重要な意味を持ちます。それは、人生のあらゆる場面において創造的な問題解決に活用でき、イノベーションのカギのひとつになります。私たちが活用する視点、あるいはフレームは、過去の経験、現在の環境、そして心の状態に影響されています。これを意識することによって、フレームを積極的に変化させ、大きなひらめきを得ることができます。もちろん、なかにはしっかりと固定されていて、変化させるのがむずかしいフレームもありますが、それらも努力すればまったく動かせないわけではありません。コンピュータのパスワードのような小さなものから、キャリアのような大きなものまで、フレームを変えることはできるのです。

二〇一一年、デザイナーのマウリシオ・エストレラは、妻とひどい別れ方をしてボロボロの状態でした。コンピュータが頻繁に止まってパスワードを変えるよう要求されても、少しばかり手間が増えるだけのことで、なんとも感じなくなってしまいました。でも、パスワードを打ち込む瞬間、はたとひらめくものがありました。本人の弁を短く紹介します。

前の上司のラスムスから聞いたことが、苛々を一掃するためのヒントになりました。ラスムスはやるべきことをパスワードにしていましたが、これを応用しようと思いついたのです。

パスワードで人生を変えてやろう……そう思いました。

パスワードを羅針盤に見立てたのです。離婚したからといって被害者意識をもつのはやめよう、自分には何かできる力があるんだと、思い起こさせるものにしました。

パスワードはForgive@h3r（彼女を許そう）にしました。

その週はずっと、一日に何度もこのパスワードを打ち込まなくてはいけません……。心のなかで、「彼女を許せ」と言い聞かせていました。

たったこれだけのことですが、お蔭で妻に対する見方を変えることができました。彼女を許すべきだと絶えず思い出すことで、結婚生活の最後に起きたことを受け入れ、鬱々とした自分の気持ちと向き合う方法を見つけたのです。

それから劇的に気分がよくなりました。でも、二週目の終わりになると、パスワードの威力が落ちてきて、効果が薄れてきたことに気づきました。でも、この「マントラ」を繰り返すことで、自分は救われたのです。「彼女を許そう（forgive her）」と、打ち込むたびに自分自身に言い聞かせました。癒しの効果がすぐに戻ってきました。

一か月後、愛すべきサーバーがまたパスワードを変えろと要求してきました。そこで、次にやるべきことを考えました。

パスワードはQuit@smoking4ever（一生禁煙）にしました。

それで、どうなったか。冗談ではなく、一晩で禁煙できたのです。

さらに一か月後、今度はSave4trip@thailand（タイ旅行のために貯金しよう）に変えました。

三か月後、どこにいたか。なんとタイにいたのです。

ニューヨーク・タイムズ紙のイアン・ウルビナの記事によれば、パスワードは、勝利への意欲をかきたてたり、重要な日を記憶したり、秘密を隠したりするためにも使われています。パスワードほどのささいなものでも、フレームを変えることができるのです。

フレームを積極的に選んでいるわけではないときでも、フレームが存在していないわけではありません。たとえば、歌詞の一部が聞き取れなかったとき、自分のフレームを基に聞こえなかった部分を補っています。こうした行為には、モンダグリーンという名前までついています。公共ラジオ国際放送でのアリナ・シモンの説明を引用します。

モンダグリーンという言葉は、作家のシルヴィア・ライトが、スコットランド民謡の「マレーのボニー伯爵」の歌詞を聞き間違えた顛末をエッセイに書いたことから生まれました。本来の歌詞は「マレーのボニー伯爵は殺され、草の上に寝かされた(laid him on the green)」だったのですが、「マレーの伯爵と、レディ・モンデグリーン(Lady Mondegreen)は殺された」と聞き間違えたのです。

歌詞や詩は聞き間違えられることが多いのですが、それには科学的理由が存在するといいます。まず念頭におくべきなのは、「誰かの話を理解しようとするときは常に、思い込みの部分がある」ことだと、ペンシルヴァニア大学の言語学者のマーク・リベルマンは言っています。人は耳にした音から意味を引き出そうとして、聞いたことと、そうであって欲しいという願望を組み合わせているようなのです。リベルマンによれば、「耳に入った音から理解している部分もありますが、頭のなかの期待をもとに理解している部分もある」のです。

私たちは日々、他人の行為をフレームにあてはめて解釈しています。そして、間違えてしまうことが多いのです。私には、とても記憶に残る出来事があります。数年前、何人かの同窓生と会議に出席していたときのことです。そのなかに、しきりに携帯電話をチェックし、メールを送っている若い男性がいました。とても無礼な行為だと、私は内心怒っていました。ところが会議の終わりに、落ち着かなくて申し訳なかったと謝ってきたのです。

幼い子どもの具合が悪く、病院から妻の連絡を待っていたといいます。私の彼に対する見方は完全に間違っていました。新たなフレームを通して見ると、彼は無礼な人などではなく、大変な状況でも会議に出席してくれた誠実な人になったのです。

では、この話がイノベーションとどう結びつくのでしょうか。何かにぶつかったとき、それを障害と捉えるのか、チャンスだと捉えるのか、また、どんなアイデアを出すかは、参照するフレーム次第であることを肝に銘ずるべきです。フレームを変えることによって、宝箱の蓋を開き、斬新なアイデアをつぎつぎと解放することができます。フレームを大胆に変えれば、生み出すアイデアもユニークなものになります。フレームを変えることは、チャンスを捉えることのできる強力なツールなのです。

―◆◆◆―

「危機を無駄にするのはもったいない」――このフレーズに聞き覚えのある人もいるのではないでしょうか。経済学者のポール・ローマーの言葉ですが、フレームを変えることによって、問題が大きいほどチャンスも大きいと捉えることができることを思い起こさせてくれます。私も身をもって経験しました。

二〇〇八年の金融危機の際、アカデミズムの世界に身を置く私たちは、プログラムの資金が枯渇するのではないかと気を揉みました。大きな危機に瀕したのがスタンフォード・

テクノロジー・ベンチャーズ・プログラム（ＳＴＶＰ）でした。これまで支援してくれていた人の多くが、寄付を続けられなくなるとみられました。私たちは、こうした状況を、プログラムの資金調達の戦略全体を見直す好機と捉えました。それまで基本的にはシリコンバレーの支援に頼ってきましたが、もっと外に目を向け、世界に広げることを決めたのです。

これで、フィンランドやチリなど諸外国との提携が進みました。海外との提携によって、私たちの研究は深まり、教官や学生は刺激的なチャンスが得られ、不況時を乗り切る資金を確保することができました。まさに危機がチャンスの扉となったのです。現状の見直しを迫られなければ、こうしたチャンスをものにすることはなかったでしょう。

最近のＳＴＶＰの授業で、メイフィールド・フェローズの一人が、さまざまな企業の危機対応について、事例をまとめて発表しました。鎮痛解熱剤のタイレノールにシアン化合物を混入された事件への対応、炭酸水のペリエにベンゼンが入っているというクレームへの対応、スウェーデンで新車が「衝突回避テスト」をクリアできなかったときのメルセデスの対応などが取り上げられました。当然ながら、応急処置的な対応で乗り切ろうとした企業がある一方、不運な状況を、信頼を高める機会と捉え、大胆なイニシアチブを実行し、危機の前よりも強くなった企業もあります。

代表的な例がタイレノール事件です。一九八二年に起きたこの事件は、発売元のジョンソン・エンド・ジョンソンが潰れてもおかしくないほどの激震でしたが、その対応は他社の模範になりました。理由は不明ながら、何者かがタイレノールのカプセルをシアン化合物入りカプセルにすり替え、七人の死者が出るに至ったとき、ジョンソン・エンド・ジョンソンの会長は、ただちにタイレノールを店頭から回収する決断を下し、顧客を守るためにあらゆる手段を講じる姿勢を示しました。消費者の相談窓口を設け、記者会見では把握している情報をすべて開示しました。異物の混入を防ぐため、外箱を糊で閉じ、ボトルの首をプラスチックでシールし、口はフォイルで覆うよう、パッケージを刷新しました。

新しい三重パッケージが投入されたのは、事件のわずか六か月後で、同社の迅速な対応には目をみはるものがありました。きっかけとなったのは危機的な事件でしたが、こうした一連の行動によって、ジョンソン・エンド・ジョンソンのブランド力は一段と強化されたのです。

もちろん、こうした危機を喜んで迎えようという人はいません。ですが、ひとたび危機が発生すれば、すべてを見直す機会、世の中を見るフレームを変える機会、自分でも思ってもみなかった方法で視野を広げる機会になります。そして、危機は確実に起きるのです。

―◆◆◆―

私たちは、驚くほど柔軟に思考を変えることができます。だからこそイノベーションの大きな可能性を秘めているとも言えるのです。この柔軟性は脳そのものにみられ、顕微鏡のレベルでも解剖学的レベルでも確認することができます。顕微鏡のレベルでは、インプットが変化するとニューロンの小さな突起が消えることで確認されています。解剖学的なレベルでは、行動を変えると脳の機能を示す脳地図全体が変わることが確認されています。これは、「ホムンクルスの可塑性」と呼ばれる現象です。

ホムンクルスとは、ラテン語で「小さい人間」の意で、現代科学では、体の各器官の機能が脳の表面積に占める割合に応じて、矮小化された人体モデルを指します。モデルが矮小化されるのは、人間の脳の大部分が手や口、目など感覚を入力し、動作として出力する機能にあてられ、腕や足などに与えられる部分がかなり小さいことによります。参考に、ホムンクルスの絵の一例を掲載しますが、脳が実際に体をどう見ているかがわかります。

ホムンクルスの可塑性は、脳が「柔軟」で、使われ方に応じて変化するために起きる現象です。たとえば視力を失った人は、視覚情報を処理する部位が縮小し、聴覚の情報を処理する部位が拡大します。おなじように、ピアノやバイオリンを弾く人は、指の動きをコントロールする脳の部位が肥大化します。こうした変化が起きるのは、脳が肉体の要求の変化に応えることができるからです。このプロセスは、イノベーションにとって特に重要です。というのは、人間が肉体をとおして思考を変えられることを示しているからです。

これは仮想現実（バーチャル・リアリティ）を使っても説明できます。仮想現実の世界

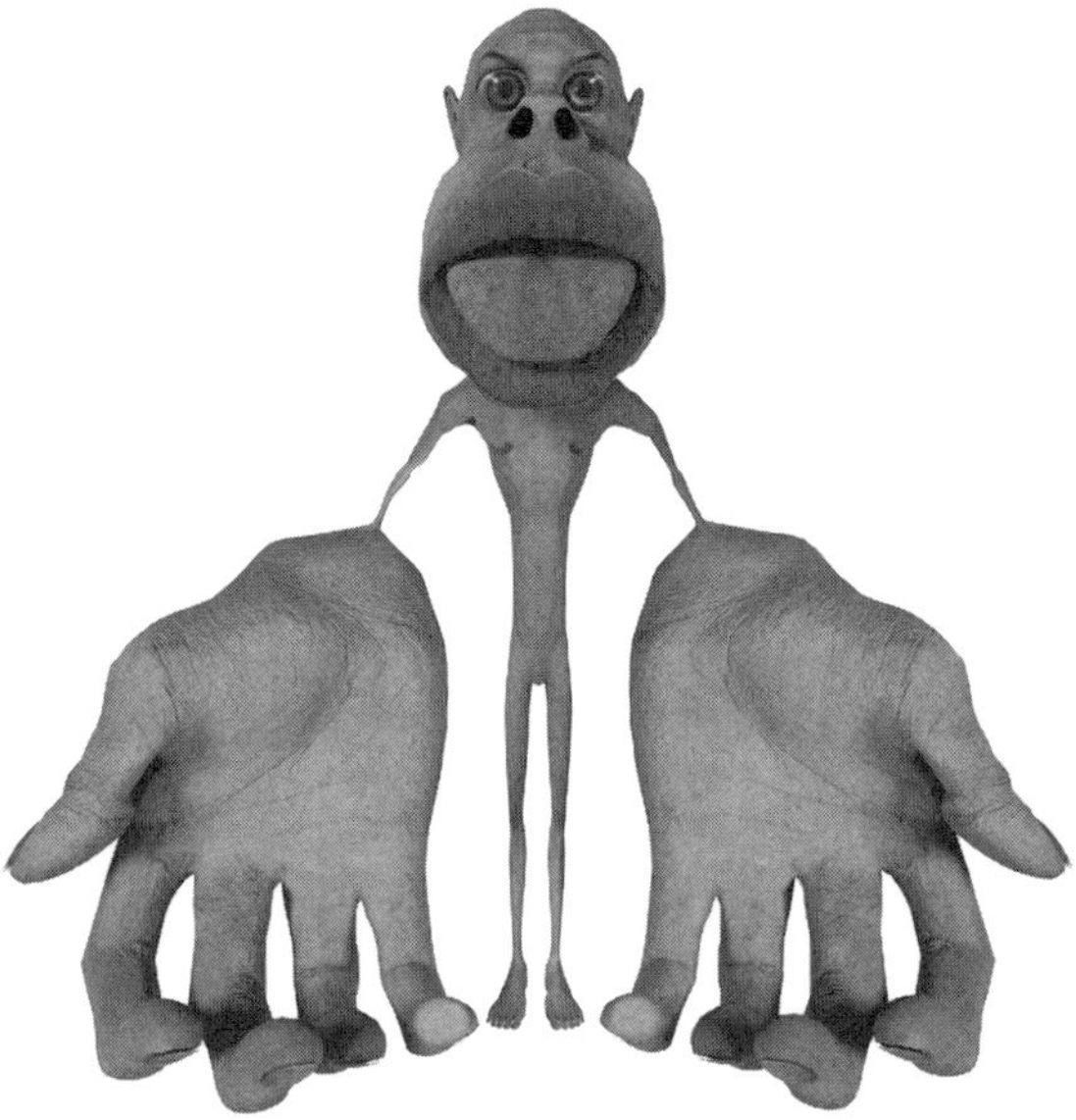

ホムンクルスの例

では、ゴーグルとイヤフォンをつけて目と耳で幻想的な世界を体験し、センサーをつけた体をコンピュータと結んで情報を伝えます。高度なソフトウェアの助けで、肉体の動きをもとにセンサーの入力が変化し、仮想現実のなかで肉体と思考が相互作用できるようになっています。ジェレミー・バイレンソンが責任者を務めるスタンフォード仮想ヒューマン・インタラクション・ラボラトリ（ＶＨＩＬ）が開発したソフトでは、スーパーマンのように空を飛んだり、イルカのように泳いだり、年を取ったときの自分の顔を見たりすることができます。海の酸性化の影響で生存の危機にさらされるサンゴになることすら可能です。こうした仮想体験によって人々の考え方や学習方法、行動様式がどう変わるかをテーマに研究が行なわれています。

仮想現実では、仮想の尻尾や義肢のコントロールも体験できます。脳はわずかな時間で適応し、こうした付属器具をコントロールできるようになります。ロンドン大学では、つぎのような実験を行ないました。三二人の被験者に、お尻を動かすとコントロールできる仮想の尻尾を与えます。被験者は、画面上の手の届かない位置で点滅するライトを仮想の尻尾で叩くゲームをします。尻尾のコントロール方法は教えられていませんが、誰もがいろいろ試しながら、すぐにコツをつかみます。この実験では、わずか一〇分で、自分の手とおなじくらい器用に尻尾の動きをコントロールすることができました。

神経科学は私の専門であり、クリエイティビティとイノベーションを教えることに情熱をもっていますので、ＶＨＩＬと連携し、この技術を新しい講座「エンジニアリング・イノベーション」に取り入れることにしました。現実社会で限界とされていることを疑う経験を学生にしてもらいたかったのです。そして、その経験を「実生活」に活かし、常識を疑い、問題とされるものを新たなフレームで捉え直して欲しいのです。

幸運にも、ヘッドフォンの他に最先端の頭部搭載型ディスプレイ「オキュラス・リフト」を数台使えることになり、学生は代わる代わるこの装置をつけて、現実とはかけ離れた仮想世界を体験しました。巨象になって、その目をとおして世界を見た学生もいます。このシナリオでは、象は気泡ゴムでできた巨大オブジェが所狭しと並ぶ仮想の遊園地を進んでいきます。学生は頭を上下左右に動かすと、胴体の動きをコントロールできることに気づきます。胴体をゆらゆら動かしながら、建物を飛び越え、巨大なボールを打ち、車を追い越していきます。

この体験に参加した後、学生は古いものを新しい方法で見るという「現実世界」のエクササイズに取り組みます。たとえば、スーツケースを持たずに必要なものを旅先で手に入れる方法を考えてもらいます。これは管理された実験ではありませんが、学生は仮想現実を体験したことで、世の中をまったく違うレンズで見ることができ、課題を新しい観点から見るのが楽になったと言います。さまざまなアイデアが飛び出しました。空港付近でドローンに届けてもらう、その場で必要なものは何でも３Ｄプリンタでつくる、旅先で洋服のレンタルサービスを利用する、誰でも着られる標準服をつくり着替える必要をなくすなど。ちなみに私のお気に入りは、スーツケースが持ち主とは離れて自力で旅するというアイデアで、なぜか行く先々で清潔な洋服が入ったスーツケースが待っているというものです。

◆◆◆

仮想現実のゴーグルを使わなくても、世界を見るフレームを変える方法はたくさんあります。ひとつは、意識して自分の常識を点検し、それを疑ってみる方法です。自分が当たり前だと思っていることを深く掘り下げていくと、ほんとうに当たり前なのかどうか疑問が湧いてきます。

私が学生や企業幹部を対象によくやる演習があります。まず、航空業界や動物園など、ひとつの業界を取り上げ、その業界について当たり前とされていることを挙げてもらいます。つぎに、それとは逆のことを挙げ、常識をひっくり返したらどうなるかを考えてもらうのです。例として、ホテル業界について、あるチームが常識だと考えることを挙げましょう。

・部屋の鍵　・小さな石鹸　・旅行客　・ルームサービス

・廊下の喧騒　・自宅から遠い　・枕元に置かれたチョコレート
・鍵のついたミニバー　・チェックアウトの時間　・コンシェルジュ
・部屋のテレビ　・ハウスキーピング　・高い食事代　・モーニングコール

こうした常識とされることのひとつひとつは、疑ってみる余地があります。たとえば、チェックインとチェックアウトの時間を柔軟にするには何が必要でしょうか。コンシェルジュではなく、地元住民が案内をしてくれるのはどうでしょう。オープンキッチンがあり、二四時間いつでも好きなときに軽食をつくれるホテルはどうでしょう。飛行機の座席のように、客が部屋を指定できるとしたら。遠方から客を迎え入れるのではなく、地元住民が友人や家族と憩える場としてのホテルも考えられます。自分たちが常識だと考えることのリストを使って、それを逆転してみることで、斬新なホテルのアイデアを思いつくのです。

映画館について見直したチームもあります。常識だと思うものを挙げ、それを疑ってみると、面白い映画館のアイデアが出てきました。ムービーにかけた「楽して動いて（Move Ease）」は、自転車漕ぎと映画館を組み合わせるアイデアで、観客はじっと座っているのではなく、エクササイズをしながら映画を鑑賞します。映画を見終わった時点で料金を支払えばよく、運動量が多いほど料金は安くなる仕組みにして、しっかり運動するよう促します。

フレームを変えて問題を捉え直すには、思いきりばかげたアイデアを出す、という方法もあります。詳しくは『20歳のときに知っておきたかったこと』に書きましたが、ばかげたアイデアを考えることは、何ができると思っているのかを探っていくことでもあり、それによって自分の思い込みがあきらかになります。朝食にお菓子を食べる、毎日おなじ服を着る、職場にヒッチハイクで行く、といったアイデアはばかばかしいと思えるかもしれませんが、そうしたものを挙げていくことが、新しい朝食や新しいファッション、そして新しい通勤スタイルのアイデアにつながったりするのです。

最近、ある学生グループに、彼らの生活では不可能と思えるような挑戦を考えてもらいました。全員で話し合って出てきたのは世界旅行でした。世界中を旅したいけれど、資金がまったくありません。タダで世界を旅するなんて、とても無理だと思えます。次に、これを実現するのに、最悪と思える案を考えてもらいました。多くのアイデアが出ましたが、そのなかのひとつが、プライベートジェットを予約して料金を後払いにする、というものでした。ばかばかしく、到底理屈に合わないアイデアに思えます。

そこで、もう一度、ブレインストーミングをして、どうすれば実現できるか考えてもらいました。すると、ものの数分で、うまくいく可能性のある方法が出てきたのです。二〇歳の若者のグループが各国を旅して、現地でビジネスを始める様子を記録したリアリティ番組を制作しようというのです。毎週、違う国や都市を取り上げ、現地のニーズに合わせた事業を考えます。視聴者は、さまざまな地域の暮らしや現地の事業環境を知り、若者が事業を立ち上げる様子を楽しみます。これを実現するために、地域ごとにスポンサー企業を探します。

こういう風にみると、資金なしで世界を旅行することは、それほど手の届かない目標ではないように思えてきます。学生はこのアイデアをこれ以上深めことはしませんでしたが、問題を違った視点からみると斬新なアイデアが浮かんでくることに気づきました。このようにフレームを変えることが、イノベーションのもうひとつのカギなのです。

―◆◆◆―

ベンチャー企業がフレームをどのように変えているのか見てみましょう。ウォーカー・アンド・カンパニーの最高経営責任者（ＣＥＯ）のトリスタン・ウォーカーは、自分が困った経験を活かして新しい会社を興しました。向上心の強いトリスタンは、真面目に勉学に励み、成績は常にトップクラスでした。彼のひたむきさに感心した教師やメンターは、より良い経験を積み、より良い教育が受けられる機会を与えてくれました。こうしてストーニー・ブルック大学の総代となったトリスタンは、ウォール街に向かいます。

一九歳の夏、インターンとしてリーマン・ブラザーズの財務部門で働くことになりました。初日に一〇〇人の研修生とともに株式売買部を回っていました。部屋に入るなり、トレーダーの一人がトリスタンに向かって、こう吐き捨てました。「その顔をなんとかしろ」

トリスタンは頭を抱えて帰宅します。黒人の彼は、縮れ毛がスムーズに剃れないため、二日ほど髭を伸ばしっぱなしにすることがあったのです。これはトリスタンだけの問題ではありませんでした。最近の髭そりは何枚か刃がついていますが、これは毛を持ち上げて、刃を肌にあてがって切るためで、根元でスムーズに剃ることができます。ただ、硬くて縮れていますの男性にとっては、そこが問題です。新たに生えてくる髭は真っ直ぐではなく、縮れています。不揃いの縮れ毛が肌をもち上げるように伸びてくるのです。不格好だし不快です。自意識の強い若者にとっては、ただ不快なだけでなく、恥ずかしくていたたまれないことでした。

トリスタンはドラッグストアでいい髭そりはないか探しました。あきらかに黒人男性をターゲットにしたと思われる商品がひとつだけありましたが、棚のいちばん下で埃をかぶっていました。外箱には高齢の黒人男性の写真が載っているだけで、使用法もよくわかりません。これではないと思い、トリスタンは複数の刃のついた髭そりを買って帰りました。慎重に剃ってみましたが、やはり刃がひっかかり顔中傷だらけになってしまいました。

このジレンマがトリスタンを突き動かす原動力になりました。ウォール街を去り、スタンフォードのビジネススクールで学んだトリスタンは、ツイッター、フォースクエアを経て、アンドリーセン・ホロウィッツに所属して起業を目指すことにしました。新規事業のタネはないか。そのとき脳裏に浮かんだのが、あのジレンマでした。バツの悪い思いをしたトレーディングルームでの出会いから一〇年経って、長年悩まされ続けてきたジレンマを違うフレームで見ることにしたのです。剃るのがむずかしい縮れた毛を問題だと思うのではなく、どうすればチャンスにできるか考えました。こうして見方を変えたことが最近の事業につながりました。

トリスタンが興したウォーカー・アンド・カンパニーは、黒人の使いやすいヘルスケア製品やビューティケア製品を提供することを目指しています。的を絞ることで、新鮮な目で課題を捉え直し、髭そり、刃、ローション、使い方を説明した資料など、髭そり関連商品を一から製造しています。トリスタンが起業したのは、最初に問題にぶつかってから一〇年後のことです。これは珍しいことではありません。問題を捉え直し、効果的な解決法を見つける準備が整うには、何年もアイデアを温め、準備する期間が必要な場合もあるのです。

◆◆◆

どんな状況も、違うフレームで見ることはできます。ベンジャミン・ザンダーとロザモンド・ストーン・ザンダーの共著『人生が変わる発想力』〔邦訳：パンローリング〕から面白い小噺を紹介しましょう。ある靴メーカーが、事業拡大の可能性を探るため、二人のマーケティング担当者をアフリカに派遣しました。一人目は「絶望的な状況です。靴を履いている人間は一人もいません」という電報を送ってきました。ところが二人目は、勝利を宣言するかのようなメッセージを送ってきたのです。「素晴らしいビジネスチャンスです。誰も靴を持っていません」

私たちは、過去の経験や現在の心境から引き出した想定をもとに世の中を見ています。こうした想定を疑い、困難はチャンスだと捉え、積極的に視点を変えようとすることで、今までにない斬新なアイデアを生み出すことができます。

ここまで、インベンション・サイクルの想像力からクリエイティビティ、イノベーションを、段階を追ってみてきました。そのなかで、姿勢（ビジョンを描く、やる気を高める、フォーカスする）と行動（ひとつのことにどっぷり浸かる、実験を繰り返す、フレームを変える）によって、チャンスがあきらかになり、ひらめきが起こり、斬新なアイデアを思いつけることを学んできました。それぞれの段階は、前の段階の上に積み重ねられることで強固な基盤となり、繰り返し活用することができます。今度は、これまでのスキルを使って、アイデアを形にしていく起業家精神に移りましょう。

課題

1 利き手ではない方の手で、文字を書いたり歯を磨いたりして、ホムンクルスの可塑性を実際に体験してみましょう。

2 日常生活のなかで自分が楽しめないことを挙げて、楽しくする方法を考えてみましょう。状況の捉え方を変える方法や、楽しめない状況を変えるためにできることを挙げてみましょう。

3 自分が目指すものを書き出し、それを達成できる、ばかばかしい方法を挙げてみましょう。それを現実のものにするにはどうすればいいかを考えてみましょう。

第Ⅳ部

起業家精神

数年前、チリのデル・デサロージョ大学とカトリカ大学の研究者と共同で、大学や国全体で起業教育を強化する方法について研究していたとき、やる気を奮い立たせるような大胆なことを自分たちでも考えようという話になりました。

ブレインストーミングのなかから、奇抜なアイデアが飛びだしました。船をチャーターして「起業船（アントレプレナー・シップ）」と名づけ、チリの二つの大学とスタンフォードの学生を連れて、チリ南部のパタゴニアに行こう、というものです。航海は五日間。毎日港に立ち寄りながら、雄大なフィヨルドを抜けて進みます。学生は、山々や氷河、野生生物など美しく雄大な自然に親しみながら、文化の垣根を越えてデザイン思考のツールを学び、起業家的な発想で現地の問題解決に挑みます。カメラマンにも同行してもらい、旅の様子を写真やビデオで共有します。

壮大な構想だと思いませんか？　それで、どうなったのでしょうか。

私たちは、さまざまな関係者にこの構想を説明して回りました。大学当局、パタゴニアで船を運航するチリの船舶会社、現地の課題に取り組む学生を受け入れてくれそうな団体、資金提供に前向きな団体、この話を取り上げてくれそうなレポーター、そして、チリとカリフォルニアの学生。

支援体制を整え、資金を確保し、学生向けのプロジェクトを募集し、ロジスティクスを整備するまでに数年かかりました。

最後に残ったのが、学生の選抜です。スタンフォードでは、グループ「インタビュー」と称して関心のある学生を集め、課題に挑戦してもらいました。大きな水槽の片側にファンを取り付け、パタゴニアの強風を再現します。学生には、アルミフォイルやゴムバンド、テープなどの身近な材料を使って、一〇分以内でボートをつくってもらいます。ボートはペニー硬貨を積んで、水槽の端から端まで進まなければなりません。

こうした短い演習で、最高のチームプレーヤーは誰なのか、がむしゃらに推し進めようとするのは誰なのかがわかります。

二〇一三年三月、スタンフォード大学の春休みに、スタンフォードの学生二〇名、チリの二大学の学生四〇名、各大学の教官一〇名あまりを乗せた船が出港しました。クリエイティブな問題解決を学ぶ講義やワークショップ、現地の環境に関するセッションを毎日開催しました。寄港先では散策を楽しみ、パタゴニアの大自然を満喫します。学生はアメリカとチリの混成チームで、現地経済の活性化やパタゴニアでのエコツーリズムの推進、現地の初等教育の充実、チリとカリフォルニアの絆の強化、といったさまざまな課題について考えました。

「起業船」という突拍子もないアイデアがようやく形になったことに、私は深い感慨を覚えました。

これは無から有を生み出すクリエイティブな行為、つまり起業家的な活動でした。不可能と思える少ない資源で多くのことを成し遂げるわけですが、それには、粘り強く続けること、周りを巻き込むことが必要です。この点を以下の章でみていきましょう。

第7章

粘り強く続ける——何がボートを浮かせるのか

スピード社のウェットスーツとゴーグルとスイミングキャップ。これだけを身につけたルイス・ピューは、世界のすべての外洋を泳いだ第一号になりました。北極海では、凍れる海で一八分間も泳ぎ続けました。この無謀とも思える挑戦にルイスを駆り立てたのは、気候変動が世界で最も脆弱な生態系に与える影響を世に知らしめたい、との強い思いでした。北極海を選んだのは、かつて氷に覆われていたこの地域の氷がすでに溶けていることを強く印象づけ、事態の深刻さを訴えるためでした。

ルイスは何年もトレーニングを重ねるなかで、何百回となくこのパフォーマンスを思い描きました。イメージすることで、スタートからゴールまでの全体のプロセスを頭のなかで描けるようになります。目標を達成するために、医師や航海士、数人のトレーナーなど、一〇か国二九人から成るサポートチームを結成しました。このチームが一丸となって、新たなエクササイズの手順や疲労回復プログラムなど、ルイスの挑戦を可能にする革新的手法を編み出しました。

イギリスのプリマスに生まれたルイスは、この地から旅立った偉大な冒険家の像を見ながら育ちました。その一人、フランシス・ドレークは、一五〇〇年代に史上二番目に世界一周を成し遂げた人物です。ルイスはわずか七歳のとき、自分も何か大きなことをやるのだと決意したといいます。ルイスが一〇歳のとき、一家は南アフリカに移住しますが、ここでも海を身近に感じながら育ちます。海を守りたいとの思いで海事弁護士になるべく勉学に励みますが、すぐに飽き足らなくなります。ルイスが求めていたのは、もっと大きなインパクトでした。そして二〇〇三年、環境破壊が進んだ世界中の海で泳ぐことで、保護の必要性を訴えるという大胆な構想を思いつきます。

一年をかけて計画を練り、準備を重ねて、チーム全員が貨物船で北極海に向かいました。船長に掛け合って、ルイスがミッションを遂行するあいだ貨物船には一時停泊してもらいます。水深は四二〇〇メートル、水温は氷点を大幅に下回っています。ルイスが海中にいるあいだホッキョクグマに襲われないよう見張りも必要です。

漆黒の凍れる海に飛び込んだルイスは、文字どおり息を呑みました。ウェットスーツからはみ出した手は、火がついたように熱く痺れます。でも、怯んでいるわけにはいきません。やるべきことを、順を追って着実にこなしていくことにしました。沿岸にはチームのメンバー全員の母国の国旗を立ててあり、どれだけ進んだかは、メンバーが伴走しながらサインで教えてくれます。ルイスはまず一本目の旗まで泳ぎ、つぎに二本目、三本目と旗を目印に泳ぐことにしました。一本一本の旗を見ると、自分に負けない情熱で取り組んできたメンバーの顔が浮かびます。誰ひとりとして、がっかりさせるわけにはいきません。

一キロ泳いだところで、チームのメンバーはルイスを小型ボートに引き上げて体をタオルで包み、急いで船に連れていき熱いシャワーを浴びさせました。ルイスの体は文字通り解凍が必要でした。指の皮膚に入った水分が固く凍り、ひび割れるほど腫れあがっていたのです。指の感覚が戻るまで四か月かかったといいます。

ルイスは、驚異的な粘り強さで、この偉業を達成することができました。それによって、世界の大勢の人々を勇気づけました。ルイスが北極海で泳ぎ切ることができたのは、心と体の両方が完璧に対応できたからです。目標を達成するには、並外れた集中力と勇気、そしてスキルを身につけ、強靭な肉体をつくる必要がありました。それには時間をかけて訓練するしかありません。

どんなことでも革新的なことを成し遂げるには、ぶれることなく、粘り強く続けることが必要です。高層ビルの建設やマラソンを思い浮かべてください。最初はビジョンしかありません。どうしても目標を達成するのだという意欲が高まれば、粘り強く取り組むようになり、目標に近づくことができます。

どんなスキルもそうですが、小さなステップを積み重ねていくことで、メンタルを鍛えることができます。私は授業でこれを実践しています。学生が背伸びしなければいけない課題、それまでやったことのない方法を試さなければ答えられない課題を与えるのです。たとえば、ある課題について少なくとも一〇〇個のアイデアを出すよう求めます。課題はさまざまで、ゴムバンドの使い方を見つけるといった多少ふざけたものもあれば、干ばつ時の節水方法を考えるといった真面目なものもあります。

二〇一四年の春、ワーナー・ブラザース・レコードと共同で、「Creativity: Music to My Ears」と題したオンライン講座を開講しました。講座の課題はすべて音楽をテーマにします。たとえば、二万五〇〇〇人にのぼった受講者全員に、自己紹介代わりに自分の人生を象徴するようなアルバムのカバーデザインを考えてもらいました。他には、身のまわりで聞こえる音をマインドマップにしてもらう課題や、講座で学んだことを最後に歌詞にしてもらう課題を出しました。

二週間にわたってチームで取り組むプロジェクトでは、音楽で問題を解決することをテーマにしました。受講者は七人までのチームをつくり、ＮｏｖｏＥｄプラットフォームで入手できる共同作業のツールを使います。なかには異なる大陸の受講者が集まったチームもあり、それぞれが独自の見方を持ちこみました。各チームは、解決すべき問題をひとつ選びます。たとえば、パートナーのいびきや、家庭での節電といった問題です。まずは、選んだ問題について、解決策を最低一〇〇個考えます。どれも何らかの形で音楽が関係していなくてはなりません。多くの受講者は、一〇〇個も考えるなんてばからしいと思います。じつは、タイプミスに違いないと思い、クラスのブログに「ティナは一〇個と書くつもりだったに違いない。一〇〇個なんてハード過ぎる」と書き込んだ受講生がいました。

私はこう返しました。「そこがポイントです。イノベーションはハードワークです。独創的なアイデアを生み出すには粘り強さが必要なのです」。そもそもハードな課題なのだとわかると、ほとんどのチームが本気を出し、産みの苦しみを乗り越えて一〇〇個以上のアイデアを出してきました。

この課題を通じて、受講生が発見したことがあります。いちばん面白いアイデアは、もうアイデアが出尽くしたと思った後に出てくる、ということです。たとえば、パートナーのいびきを解決する方法としては、当たり前の案が出尽くした後に、大きないびきを癒しの音楽に変換するフェイスマスクをつくる、という画期的なアイデアが出てきました。家庭の省エネ問題に取り組んでいたチームは、エネルギーの消費量に応じた音楽をかける案を思いつきました。エネルギーの消費量が少なく、家庭が「ハッピー」であれば、楽しい曲がかかるので、いちいちモニターで消費量をチェックする必要はありません。逆に消費量が多いときは、「アンハッピー」な曲で教えてくれます。

オンライン講座では、インスピレーションを高めてもらおうと、ジョシュ・グローバンやジェイソン・ムラーズ、リンキン・パークのマイク・シノダら、ワーナー・ブラザース所属の有名アーティストのインタビュー動画も配信しました。共通のテーマとして、曲づくりの過程と、完成した楽曲をファンに届ける過程で、どんな苦労があるかを話してもらいました。彼らの曲は、細部まで作り込まれています。何度となく曲や詞を書き直し、何か月もかけて制作されているのです。

ジョシュ・グローバンは、こう言っています。「思いどおりの曲ができると今日は良い日だ、と思う。でも、思いもかけない良い曲ができたりすると、今日は最高だと思うんだ」。ほんとうに革新的なものをつくろうと何時間も集中し、壁を乗り越えたからこそ、そうしたことが起きるのだと、ジョシュは知っています。ツアー中は、毎回二時間の公演を最高のものにすることに集中し、時間も心もそれに捧げる、とも語っています。

スタンフォードでも、学生自身が考える限界を乗り越えるような課題を出して、チームで取り組んでもらっています。まず、三週間かけて一〇〇個のアイデアを出し、一番気に入ったものを選んでもらいます。プロトタイプをつくり、それに対する意見や感想をユーザーから集め、気づいたことを授業で発表してもらいます。その後で、もう一度、最初からやり直すよう命じるのです。

学生の表情がすべてを物語っています。ショックと苛立ちを隠せません。この期に及んで元に戻れというのは、罰を与えられたように感じるのでしょう。ですが、最初からやり直せるのは、じつはチャンスなのだとわかると、苛立ちは消え、受け入れる気になります。一通り最後まで経験したことで、第一弾のアイデアは出揃っていますし、ユーザーからの貴重なフィードバックも手元にあります。振り出しに戻ることで、さらに良いものにするチャンスを手にしているのです。こうして学生はもう一度、課題に没頭します。そして二週間後には、アイデアもプレゼンテーションも各段に良くなっているのです。

やり直しを命じられて最初はしぶしぶ受け入れていた学生も、二回目が終わる頃になると、やり直せてよかったと思うようです。アイデアもプロトタイプもプレゼンテーションも、最初のものは詰めが甘く、まだまだ改良の余地があることを心のどこかでわかっているのです。コースの終了時には、一番楽しかった課題として、やり直しさせられたこの課題を挙げる学生が少なくありません。自分ができたと思う時点で満足せず、最高の成果を追い求めることの大切さを学んだ、と学生は言います。コースの期間がもっと長ければ、私はおなじ課題を何度も繰り返して出すでしょう。繰り返すたびに、波のように新たなアイデアやひらめきが湧いてきて、より良い成果につながるのですから。

―♦♦♦―

他の人ならやめてしまうところで満足せず、それ以上の成果を追い求める姿勢は、「不屈の精神（grit／グリット）」とも評されます。長期的な目標に向けて、興味を持ち続け、努力し続けられる能力です。不屈の精神が、あらゆる分野で成功のカギになっているとする研究が盛んに行なわれています。じつは、成功を予測する指標として、知能そのものよりも不屈の精神がはるかに重要であることがあきらかになっているのです。心理学者のアンジェラ・ダックワースはこの点を中心に研究しています。

陸軍士官学校での最初の夏の訓練を誰が完遂するのか、全米スペリング大会で誰が決勝に進出するのか、米軍特殊部隊で誰が脱落せずに最後まで残るのか、どの新人教師が辞めずに、いい業績を上げるか、シカゴの公立高校で誰が卒業できるか、ＩＱやＳＡＴ（標準学力到達度テスト）や身体能力、こうしたことが、このグリットで予測できるのです。

ダックワースは、忍耐力を測る一二の質問をもとに、グリット指数を開発しました。これらの質問は、目標を設定する能力、長期にわたってひとつの作業に集中できる能力、途中でぶつかる壁を乗り越えられる能力を重視した内容です。こうした資質は、人生のなかで変化しうるものであり、学習によって身につけられることをダックワースは発見しました。また、苛立ちや間違いは学習のプロセスにつきものであり、それであきらめてはいけないと教えると、不屈の精神は強化されるともいいます。私が学生に、ひとつの問題の解決策を一〇〇個考えることになっていると言うと、うまくいく可能性が高いようです。こうした単純な物言いが、不屈の精神を養うのに役立つのです。

不屈の精神は、起業が成功するかどうかを占ううえでも大いに役立ちます。前例のない大胆なアイデアは徹底的に叩かれ、死の寸前まで追い詰められるものです。それに屈することなく、長期にわたってやり続けられるイノベーターだけが、成功することができるのです。新しい企画というものは基本的に死にゆくものですが、初期の段階でそれを生かし続けるには並外れた努力が必要です。長期的な目標に向かって、粘り強く努力を続けられる能力こそ、不屈の精神と呼ぶにふさわしいでしょう。まずは将来のビジョンを描く必要があります（詳しくは「ビジョンを描く」の章）。目標を達成するにはやる気が必要です（「やる気を高める」の章）。そして、目標を達成するには、時間と心をそこに集中させなければなりません（「フォーカスする」の章）。

長年の観察から、イノベーションから起業家精神の段階への移行に成功した人たちには共通のパターンがあることに気づきました。彼らは、十分大胆でありながら、目標を達成できる着実な「歩幅」を知っているのです。経験を積むほど、歩幅は大きくなり、成果も大きくなります。起業家として知識が増え、資源が蓄積され、自信がついて器が大きくなると、その器に見合った大きな目標を掲げられるようになるのでしょう。
適切なペースがわからない起業家には、二通りの運命が待ち受けています。小さな歩幅でリスクは低いけれど遠くまで行くことができないか、身の丈に合わない大きな歩幅で結局行き詰まるかのどちらかなのです。重要なのは、自分に合った歩幅を見つけること――挑戦しがいがあるけれど、二度と立ち直れないほどの大怪我をしない歩幅を見つけることです。

不屈の精神――つまり、粘り強さ――には、さまざまな形があります。猛烈に働く、献身的である、自分のアイデアが叩かれてもすぐにはあきらめない。どんなに素晴らしいアイデアも、初めて耳にする人にとっては突拍子もなく、それはいいとは褒めてもらえないものです。思い出してください。テスラモーターズは「新しい自動車メーカーを興すなんて本気か?」と疑われ、ツイッターは「一四〇字のメッセージなんて、冗談でしょう」と笑われ、スペースXは「そんなの実現するわけがない!」と切り捨てられたのです。

―◆◆◆―

何かアイデアを思いついても、親や周りの人たちに否定されることを恐れて、実現しようとはしない人たちが少なくありません。私にアドバイスを求めてくる人には、そんな風に反対してくれるのは、ほんとうはありがたいことなのだと伝えます。自分の信念の強さを試す機会を与えてくれているのですから。最初に自分のアイデアを守ろうと戦わないのであれば、もっと厳しい壁にぶつかったとき、戦えないのは目に見えています。いつも諸手を挙げて賛成してくれる人ばかりだと、自分にどれだけ信念があるのかがわからないし、自分のためにやっているのか他の誰かのためにやっているのかわからなくなります。誰もが賛成するということは、背伸びが足りないか、客観的な批評を求めていないからだとも言えるのです。

偉業を成し遂げた人たちは、例外なく否定された経験がありますが、そこであきらめずに目標に向かって走り続けることができた人たちです。ある程度成功してから注目したのでは、彼らが初期の批判にどう耐え、頑張ってきたかがわかりません。どうやって始めたのか、最初のステップはどうだったのか、どのように成果を積み重ねてきたのか、といった全体の軌跡に注目することが大切です。後になるほど、踏み石は高くなり、間隔も開いてきますが、アイデアを形にするまでは一本の道であることに変わりなく、途中にはたくさんの障害があるものです。

リチャード・ブランソンをみると、それがよくわかります。ヴァージン・グループの創業者として四〇〇以上の会社を傘下に収めるブランソンですが、起業家としてのキャリアはささやかな試みから始まりました。ひとつ目標を達成すると、より大きな目標に挑戦するということを繰り返してきたのです。最初は学生向けの雑誌からスタートし、レコードの通信販売に手を広げます。その後に開いたレコード店を、ヴァージン・レコードとしてチェーン展開していきました。ヴァージンという名を選んだのは、ブランソンも仲間もビジネスの初心者だったからです。レコード店での販売を追い風に、おなじヴァージン・レコードの名でレコードレーベルを設立します。

ブランソンはその後も、経験と資源と自信を梃子に、航空事業、禁猟区などのリゾート事業、携帯電話事業など、事業をひとつひとつ拡大し続けました。自伝でこう語っています。「私にとって人生の面白さは、自分自身で達成できそうにない大きな目標を設定し、それ以上のことをしようとするところにある。充実した人生を送るには、そうすべきだと感じたのだ」

とはいえ、ブランソンの軌跡にはたくさんの失敗があります。ネクストアップ・アジアの最近の記事でも取り上げられています。

一九九四年、コカ・コーラのライバルとしてリチャード・ブランソンが投入したヴァージン・コーラは事実上消滅した。若者向けのおしゃれなワードローブで新たなトレンドになると標榜して一九九六年に株式市場に上場したヴァージン・クローズは、株主に損失を負わせて破綻した。リチャード・ブランソンが裸で海から飛び出す奇抜な広告で物議を醸したヴァージン・マネーは、期待された大きな利益を株主にもたらすことはなかった。まだ後がある。ヴァージン・ヴィ、ヴァージン・ヴィジョン、ヴァージン・ウォッカ、ヴァージン・ワイン、ヴァージン・ジーンズ、ヴァージン・ブライズ、ヴァージン・コスメティクス、ヴァージン・カーズだ。

ブランソンは言います。「チャレンジとは、大きなアイデアをもとにやり切ることだ。大きなアイデアがあるなら、試してみるだけだ。失敗してばったり倒れたら、起き上がってもう一度トライすればいい。失敗から学ぶのだ。そして、成功するには、人々の生活を向上させなければならない」

◆◆◆

何か並外れたことをするには、身のまわりの資源を活用する必要があります。その資源とは、どんなものでしょうか。たいていの人が真っ先に思い浮かべるのは、お金です。もちろん、お金は必要ですが、それだけでは到底足りません。私の授業では、学生に自分の持っている資源をリストアップして発表してもらいますが、価値を意識していない資源を数多く持っていることがすぐにあきらかになります。たとえばインターネット、車、携帯電話、友人や家族を思い浮かべてください。そして、健康な体も貴重な資源です。これは、ほんの一例に過ぎません。私たちはみな、目標を達成するために活用できる資源をたくさん持っているのです。
世界の最貧困地域にすら資源はあります。ほとんど所有物がないはずのウガンダ在住の難民の例を紹介しましょう。ソマリア難民で三二歳のモハマド・オスマン・アリは、部品を組み立てディーゼルエンジンで動くゲーム機をつくりました。この間に合わせのゲーム機を、一〇分先の地区の難民に時間貸ししています。内戦で家族のほとんどを殺されたモハマドは五年前、トラックの荷台に乗ってソマリアから逃れてきました。ゲーム屋で得た利益で隣に店を開き、塗料や釘、洋服などを販売しています。どんな基準で見ても、モハマドの資源は乏しいものでしたが、身のまわりにあるものを最大限に活用したことで成功できたのです。

―◆◆◆―

粘り強さには裏の面もあることを、私たちは心に留めておかなくてはなりません。時に頑張り過ぎて、肉体的、精神的に自分自身を追い詰めてしまうのです。私自身も経験しました。
幸せなことに、私は刺激的な仕事に恵まれ、素晴らしい同僚ややる気を引き出してくれる学生に囲まれています。こうした環境では、可能性が無限にあります。そのため、どんなチャンスも活かしきろうと、日々、自分を鼓舞しています。長年、心血を注いできたことについては報われてきたと思います。

二〇一四年一〇月六日。その日、私はサンフランシスコ空港にいました。ニューヨークから戻ったばかりで、そのままノルウェーに飛ぶ予定です。ニューヨークでは、ホテルの騒音のせいでほとんど寝ていません。それでも、これから北極圏に飛び、若き起業家グループを相手にワークショップを開かなくてはいけません。出発を待っていた私は、突然、乗るべきじゃない、という気持ちに襲われました。疲労困憊で、これで行ってしまえば倒れるかもしれないと思ったのです。一緒に行動していた同僚に、ためらう気持ちを伝えたところ、とても驚かれました。私は本気で出張をとりやめようとしていたのでしょうか。もちろん、そうではありません。ちゃんと飛行機に乗りました。

長いフライトを三回繰り返した末、ようやくノルウェーに着いた私たちは、現地でワークショップを開き、また長時間かけて戻ってきました。時差ぼけで何日も眠れず、疲労はピークに達していました。カリフォルニアに戻ったのは日曜の夜ですが、翌月曜の朝には、ブラジルのグループ相手に三時間のワークショップを開くことになっていました。翌朝は予定どおりにブラジルのグループを迎えたものの、体中が痛んで、ワークショップに集中できませんでした。

ただでさえスケジュールはびっしり詰まっていて、私は窒息しそうでした。倒れたらどうしようとも思いましたが、どうやってペースを落とせばいいのかわからなかったのです。

毎日、膨大な量の仕事をこなし、新たな仕事まで引き受けましたが、疲れは溜まる一方で、どうにもならなくなっていきました。日々、発作の不安と闘いながら、動悸が起きないようにただ祈りました。

一〇月三〇日。ボランティアとして進めてきた創造的問題解決のワークショップをサン・クエンティン刑務所で開くことになっていました。夫のマイクが付き添ってくれました。控室で気分が悪くなり、マイクからは帰ろうかと聞かれたのですが、私は帰らないと言い張りました。どうしてもやりたいワークショップだったのです。持てる力は出し尽くしました。

その帰り道、動悸が激しくなり、息をするのも苦しくなった私は、病院に向かうようマイクに頼みました。私たちは高速をひた走り、スタンフォード大学病院の緊急救命室に駆け込みました。レントゲンや超音波、ＣＴスキャン、血液検査など、延々と検査が続きましたが、結局、動悸と血圧が高いこと以外にどこも悪いところはないという診断でした。ようやく解放されたのは午前二時でした。翌日の午前中は家にいたものの、午後は夫が止めるのも聞かず、ずいぶん前から決まっていた会議のために出勤しました。

その翌日の土曜の朝。バスルームの窓に新しいシャッターを取り付けるため、大きさを測りにマイクと二階に上がったところ、またしても動悸が激しくなり、その場に倒れ込んでしまいました。息ができず、胃もむかむかします。マイクが飛んで来て、慌てて私を緊急救命室に送り返しました。その日は丸一日、経過を観察することになりましたが、最終的には、全身疲労とストレス、不安によるものと診断されました。そして月曜日、主治医である内科医は、私を一瞥するなり、一か月の休養を命じたのです。

回復に努めるあいだ、私には考える時間がたくさんありました。そして、やりたいことに粘り強く挑戦し続けることはもちろん大切に違いないけれど、精神的にも肉体的にも健康でなければ元も子もない、という結論に至ったのです。この経験から学んだ教訓をまとめた、こんな喩え話を思いつきました。

私たち一人ひとりは、頑丈なボートで大海原を航海しています。外界の風を受けて、好きな方向に進むことができます。海は穏やかな日もあれば、大きくうねる日もあります。明るい陽ざしが降り注ぐ日もあれば、嵐のような日もあります。ボートは、どんな日にも耐えられるよう設計されています。海水は蒸発しますが、雨が降り、川から水が流れこむため、バランスが保たれています。

海の底はごつごつした岩山だらけです。海面がよほど下がらなければ岩山は見えませんし、海水がいっぱいのときは、海流に影響することもありません。でも、日照りが続き川から水が流れ込まず、海の水が減っていくと、トラブルが発生します。海面が下がってもたいしたことはないと高をくくっていると、ボートが岩山にぶつかり、身動きが取れなくなるのです。

海水はあなたのエネルギーの蓄えであり、岩山はあなたの泣き所です。自分自身を大切にする——十分な休息をとり、よく食べ、よく運動し、家族や友人と過ごす——ことで、蓄えは増えていきます。岩山は、ストレスを感じたとき、不安や胃痛、不眠、喉の痛みなどの最初の症状として表れます。

海底まで沈んだとき、浮上するためにできることが二つあります。ひとつは蓄えを増やすこと。そして、ふたつめは、岩山を迂回してボートを漕ぐ方法を学ぶことです。少しずつエネルギーを補給して海水という蓄えを増やしながら、ストレスとの付き合い方を学んで岩山にぶつからないようにするのです。どちらも時間と労力がかかります。ちょうど傷ついたボートを修理するのとおなじように。底に沈む前になんとかする方が余程いいに決まっています。そのためには、自分自身を労ってあげること。海水の「水位」に気を配りながら、避けられない日照りに備えることも必要です。

◆◆◆

アイデアを形にするには粘り強さが必要です。目標を設定し、長期間にわたってひとつのことに的を絞り、途中の壁を乗り越えていかねばなりません。そのためには、精神的にも肉体的にもタフであることが必要です。とはいえ、それだけでは十分とは言えません。

自分自身を大切にしてエネルギーを補給しないことには、目標を達成できるだけのタフさを身につけることはできません。毎日が将来への一歩であり、今日のあなたの選択が明日のチャンスを決定づけるのです。

課題

1 あなたの持っている資源をすべて書き出してみましょう。わかりやすいものから始めて、掘り下げていってください。目に見える資源だけでなく、目に見えない資源もあります。それに気づきましょう。

2 今週は、いつもより少し大きめの「歩幅」で二、三歩踏み出してみましょう。たとえば、普段よりも少し手間のかかるボランティアをするとか、一見複雑そうな問題に取り組んでみてください。その後、振り返る時間を取りましょう。結果は、予想したとおりだったでしょうか。大きな歩幅で優雅に歩くことができたでしょうか。

3

あなたの「海」は現在、どのくらいの深さでしょうか。海面から海底の岩山までは、どのくらいあるでしょうか。海面に一番近い岩山に気づいているでしょうか。海水を保つために、どんなことをしていますか。他にできることはないでしょうか。

第8章

周りを巻き込む——物語を聴かせて

偉大な成果や功績は、自分ひとりで成し遂げられるものではありません。納屋の棟上げのように、プロジェクトの成功に全力を尽くす人たちが揃わなくてはなりません。そのため、何か有意義なことをしたいのであれば、周りに働きかけて自分のやることを応援してもらい、影響力を広げる方法を見つける必要があります。一口に応援と言っても、チームの一員になる、資金を提供する、製品を購入・利用する、口コミで広げる、といったさまざまな形がありますが、そのどれが欠けても偉大な成果にはつながりません。これは、画家や音楽家、シェフ、技術のイノベーター、その他の起業家など、自分の作品や技術を多くの人々に届けたいと願う人たちすべてにあてはまります。

どのように周りを巻き込み、影響力を拡大するのか、参考になるモデルがいくつかあります。それぞれのモデルは、異なる視点を提供してくれます。

第一のモデルは、リズ・ワイズマンとグレッグ・マキューンが開発したもので、組織の創造力と生産性の向上に貢献する「増幅型リーダー」に焦点をあてています。

増幅型リーダーとは、周りのやる気を高め最高の仕事をさせる環境を整え、有能な人材を惹きつける人たちです。想像力をかきたてるような大胆な課題を与え、建設的な議論が活発にかわされる文化を育て、部下に当事者意識をもたせ、活躍すれば手柄をその人のものにします。こうした一連の行動によって、モラルやモチベーションが大幅に高まり、飛躍的な成果につながります。ワイズマンとマキューンはこう言います。「単純に言えば、最高の頭脳を集め、増幅型リーダーとして指揮すれば、メンバーは自発的に動き、精神的にも肉体的にもタフさを発揮し、長期的な成功に不可欠な斬新なアイデアを思いつく」

その対極にいるのが「消耗型リーダー」です。自分自身の帝国を築いて資源を使い、部下には指示だけ与えて活躍する余地を奪い、細かい点まで厳格に管理し、あらゆる決定を自分で行なうことで創造力を封じ込め、生産性を抑える人たちです。表現の自由を奪われた人たちは、やっていることに身が入らず、生産性も上がりません。

増幅型リーダーにとって、有能な人材をチームに引き入れることが出発点になります。そのための強力なツールのひとつが、ビジョンが明確な説得力ある物語を聴かせることです。わくわくするような物語は、たとえそれがオリジナルなものでなくても、人を魅了し、その輪に加わりたい、と思わせる力があります。たいていの人は、誰かの物語にわくわくしたがっていて、その輪のなかに入りたいと願っているものです。

これが、インベンション・サイクルにおいて、「起業家精神」と「想像力」をつなぐ環となります。幼稚園から研究所まで、あらゆる組織には、仲間が掲げるビジョンに想像力をかきたてられて、情熱をもって物事に取り組んでいる人たちが大勢います。

個人とおなじく企業にも物語があります。感動的な物語であれば、多くの支持を集め、興味をもってもらえますが、そうでなければ、その企業の先行きはおぼつかないでしょう。ベンチャーキャピタリストのベン・ホロウィッツは、こう言っています。「しっかり組み立てられた物語をもっていない企業は、考え抜かれた明快な戦略をもっていないということです。企業の物語は、企業の戦略そのものなのです」

企業の戦略では、何をしているのか、なぜそれをしているのかをはっきりと伝える必要があります。戦略を自分のものとして伝えることは、有能なリーダーの基本です。「そもそもこの会社がなぜ存在しているのか、世界はなぜこの会社を必要としているのか、あなたがたがやっていることが、なぜ必要なのか、なぜそれが重要なのか、といった基本的なレベルで物語を語らなければなりません」。これは、第3章で取り上げた、やる気に関する議論に相通じます。あなたの物語は、あなたのやる気が直接反映されたものなのですから。

『アイデアのちから』〔邦訳：日経BP社〕の共著者のチップ・ハースとダン・ハースによ

れば、ほんとうに感動的で、それゆえ「心に残る」物語には、いくつかの原則があるといいます。物語は理解しやすく、意外性がなければならず、信じられると同時に心を揺さぶられるものでなくてはなりません。私たちは、こうした物語に惹きつけられ、他の人に話したくなるのです。歯ブラシをつくっているにしろ、飲料水のフィルターをつくっているにしろ、物語に力があれば、応援したいと思う人が出てくるでしょう。

二〇一四年の夏、筋萎縮性側索硬化症（ＡＬＳ）の治療法の研究を支援するための啓発運動「アイスバケツ・チャレンジ」が盛り上がりました。物語はごく単純で、印象に残るものでした。まず、個人がバケツに入った氷水を頭からかぶる様子を撮影し、インターネット上に動画を投稿します。つぎに、水をかぶる人を三人指名します。水をかぶらない場合は、ＡＬＳ協会に寄付しなければならない、というのです。この活動の参加者は数百万人、動画を視聴した人はそれ以上にのぼり、ＡＬＳに対する認知度は高まりました。数か月のうちに、ＡＬＳ協会には前年を大幅に上回る四〇〇〇万ドル超の募金が集まりました。

アイスバケツ・チャレンジがここまで広がった背景には、三つの鍵があります。第一に単純さ（頭から氷水をかぶることほど単純なことはないでしょう）。第二に意外性（ふつうは、氷水の入ったバケツなど選ばないでしょう）。そして、第三に、つぎの人にバトンを渡さなくてはいけない、というルールです（自分のチャレンジが終わったら、三人を指名しなければなりません）。参加者のほとんどは、指名されるまでＡＬＳの存在を知りませんでしたが、チャレンジは短時間で済み、刺激的なものだったことから、ソーシャルメディア上に投稿された動画はあっという間に拡散しました。それによってALSの認知度は高まりました。凄まじい「増幅」効果があったのです。ニューヨーク・タイムズ紙によれば、六月一日から八月一三日のあいだに、フェイスブック上でアイスバケツ・チャレンジの動画が一二〇万回以上再生され、ツイッター上で二二〇万回以上つぶやかれました。ALS協会への寄付は四一八〇万ドルを超え、前年度の二倍以上にのぼったのです。

―◆◆◆―

私たちは、新聞を読んだり、テレビ番組やコマーシャルを見たり、ラジオ番組を聴いたりして一日中、物語を消費しています。さらに一人ひとりは、友人や家族、同僚、投資家、法律家、医師に自分のことを話すなどして、自分の物語を紡いでいます。医師に症状を訴えるとき、自分の生活に関する物語の一環として話しています。不当な扱いを受けた人が状況を弁護士に説明するとき、被害者としてその物語を話しているのです。物語は自分についての開示するものでもあるので、効果的な物語のつくり方を学ぶことは必須だと言えるでしょう。物語はしょっちゅう話しているわけですから、練習する機会はいくらでもあります。

私の場合、就職希望者に対する面接では、必ず最初に「あなたの物語を聴かせてください」と言うようにしています。すると、はっきりと結果が出ます。どんな風に答えるかで、その人が世の中をどう見ているのか、自分自身をどう思っているかが、たちどころにあきらかになるのです。自分がいかに幸運かを語る人もいれば、不運なことばかりを話す人もいます。いかに努力してここまで来たかを詳しく語る人もいれば、気ままにここまで来たと飄々と話す人もいます。こうした物語を聴いていると、就職希望者一人ひとりが、新たに就く可能性のある役職とその可能性をどの程度わかっているのか、いないのかが、手に取るようにわかるのです。

粘り強さについて取り上げた第7章では、私自身が極度の疲労と不安と闘っていたつらい時期のことをお話ししました。このときは、暗い方にばかり考えて、かなり気が滅入りました。もうこれ以上は無理だと観念したとき、私は自分の物語を変えようと心に決めました。そして、実際に机の前に座って新しい物語を書いたのです。二年後の自分の生活について数ページにまとめ、そこに至るまでにやるべきことを書きこみました。新たな物語は、ロードマップとして私を導いてくれました。

私たち一人ひとりが、自分なりの人生物語を抱えて生きているわけですが、新しい経験にどう関わっていくかは、この物語に大きく影響されています。あなたの人生をできるだけ細かく物語にして聴かせてくださいと頼んだら、一時間はかかるでしょうし、人生物語を本にすれば、読むのに一〇時間はかかるでしょう。でも、長い人生のなかの一日もかからないのです。要するに、私たちは常に自分の物語をふるいにかけ、自分は何者であるかを象徴する瞬間をみずから選んでそれをつなげています。どのエピソードを含めるのか、どのフレームで見るのかを選択しているのです。こうした物語は、それをつくった当人についてかなりのことをあきらかにする一方、その人の世の中に対する見方や、その結果としての世の中との関わり方を規定するものでもあります。

これについて思い出すのは、昔おなじ会社で働いていた古い友人に偶然会ったときのことです。共通の思い出を話し始めたところ、おなじ時間を過ごしたはずなのに、こうも記憶が違うものかと驚きました。彼は自分や周りが嫌な思いをした出来事をつぎつぎと挙げていきますが、私はどれひとつ覚えていないのです。私の記憶は、それほどほろ苦いものではありません。彼がいまだに不快に思う出来事のなかに、ユーモアを感じていたのです。私たちがおなじ職場で働いていたと知らない人は、共通の出来事を話しているとは思わなかったでしょう。昔話がかけ離れたものであったように、世の中に対する二人の見方はまったく違っていたのです。

おなじことは、家族についても言えます。子どもはそれぞれ異なる経験をしています。兄弟や姉妹は、ひとつ屋根の下で並行現実（パラレルワールド）を生きているとも言えるでしょう。見方の違いで、どんな物語を紡ぐかが決まります。自分が参照するフレームを意識的にシフトすれば、今この瞬間のことも、昔のことも、まったく違って見えてきます。

それには、第6章で取り上げた「フレームを変える」スキルを駆使します。

脳神経学者のデイヴィッド・イーグルマンの『脳神経学者の語る40の死後のものがたり』〔邦訳：筑摩書房〕は、さまざまな仮説に基づく多彩な死後の世界をフィクション仕立てで書いた短編集です。特に感動的な最終章では、死の間際になって、自分がどんな人生を生きてきたのかがはっきりわかり――あるいは、わかると思い込んで――死後に自分の人生をもう一度逆から眺めると、自分が信じてきたことがことごとく間違っていたことに気づく、という筋立てです。人生の旅路を違う視点から、終わりから始まりへと巻き戻して眺めると、それぞれのエピソードがまったく違って見えてくるのです。これは、クリストファー・ノーラン監督の映画「メメント」と似ています。主人公は、ある事件のショックで、一〇分以上の記憶を保つことができない前向性健忘を患っています。物語は過去に遡る形で展開し、観客はこの登場人物とおなじ感情を呼び起こされます。場面が遡るたびに、解釈が間違っていたことに観客は気づきます。これらの二つの作品は、私たちが常にあらゆることを自分なりに解釈していて、それをつなぎ合わせた物語をつくっているということを教えてくれています。

―◆◆◆―

効果的な物語は、受け取る側に想像する余地を残してくれているものです。物語に説得力をもたせるにはある程度の細かさも必要ですが、受け取り手を締め出してしまうほど隙がないのはいただけません。素晴らしい小説や音楽、絵画には余白があり、読者や聴衆や鑑賞者は想像力をはたらかせてその余白を埋めています。新たに従業員を採用しようとするとき、企業が話す物語には、新しい従業員に重要な貢献ができる余地がなければなりません。私がスタンフォード大学の学長のジョン・ヘネシーと話したとき、大学で目玉となるイニシアチブは完全な形で出来上がっているわけではなく、アイデアを出してくれるのは大歓迎だと言いました。基本的なビジョンは固まっているものの、チームの一員になれば、イニシアチブを変えることができるのです。これは、ワイズマンとマキューンの「増幅型」の考え方とも相通じます。

私の授業では、物語を話す（ストーリーテリング）のさまざまな手法を使って、学生に課題の発表をしてもらいます。物語の構成を決める多様な型の使い方を学ぶことで、聴き手に訴える効果的なプレゼンテーションができるようになります。アイデアがどれほど革新的でも、説明に説得力がなければ、誰も気にかけてはくれません。だからこそ、広告主は商品を販売するのに物語を使います。物語に引き込むことが、商品に惹きつけることにつながるのです。

格好の例がスカイプです。同社では、製品の認知度を高め、ファンになってもらうために物語を活用する戦略を立てました。マーケティングの専門家のデイヴィッド・アーカーは、物語の目的と影響力について語っています。ひとつの例を紹介しましょう。

グアテマラの田舎の貧しい村に派遣された看護師のエリン・ヴァン・オルドは、笑顔が明るい耳の聴こえない七歳の少年、ジェンリ・リヴェラと出会う。ジェンリはそれまで診察を受けたことすらない。かなりむずかしい状況だったが、ジェンリに聴こえるようになるチャンスを与えて欲しいと、エリンは、耳鼻科医や医療支援団体、医療機器メーカーのアドヴァンスト・バイオニクスに協力を求めて奔走する。手術を受けたジェンリは、スカイプに接続されたノートパソコンの画面越しに両親と対面し、初めて両親の話し声を聴くことができた。エリンは嬉しさのあまり号泣する。

この物語は、スカイプの新しいプログラム「ユーザーの愛を構築する」の一環として、公開されました。同社の従業員は研修やニュースレターなどで、胸にささる物語とはどのようなものか、自社製品のインパクトが伝わる物語をつくるにはどうすればいいかを学んでいます。

博士論文の審査や企業の業績評価など、堅い話をするときでも、物語を使って聴き手を惹きつけ、動かすことができます。伝わる話というのは、どれも聴き手の心を動かし、ひっかかりを残す「フック」から始まります。聴き手をハッとさせるような質問、引用、ジヨークがフックとなり、そこから物語が展開します。また、物語には、住宅とおなじで構造が必要です。著名な作家のカート・ヴォネガットは、物語の構造をいくつか述べ、それらを活用した代表的な本や映画の例を紹介しています。私たちはこうした構造に波長を合わせていて、それによって感情が呼び起こされています。ヴォネガットが指摘した物語の構造のいくつかを、マヤ・エイラムがイラストにしたものを次ページに掲載しておきます。

一方、劇作家で俳優のケン・アダムスが最初にまとめた「物語の骨組み」は、ごく単純で、使いやすいものです。

昔むかし……（状況を説明）
毎日……（さらに細かく説明）
ところがある日……（習慣を打ち破る出来事）
その結果……（結果1）
その結果……（結果2）
その結果……（結果3）
ついに……（クライマックス）
それ以来……（しめくくり）

穴に落ちた男

主人公は窮地に陥るも、そこから脱し、より良い未来をつかむ

ケッセルリング『毒薬と老嬢』
映画「ハロルドとクマール、ホワイトキャッスルへ行く」

男女の出会い

主人公は素晴らしい相手と出会うが、一度失い、その後、取り戻す

ブロンテ『ジェーン・エア』
映画「エターナル・サンシャイン」

状況はますます悪化

主人公は惨めな状態からどんどん悪化し、回復が見込めない

カフカ『変身』
ドラマ「トワイライト・ゾーン」

どちらに行くべきか

人生のように曖昧な筋立てで、新たな展開が良いのか悪いのか判断できない

シェイクスピア『ハムレット』
ドラマ「ザ・ソプラノズ　哀愁のマフィア」

ほとんどのおとぎ話は、この骨組みをもとにつくられています。ケン・アダムスは、この骨組みが『オズの魔法使い』にどう当てはまるかを示しています。

昔むかし、ドロシーという名の小さな女の子がいました。竜巻に飛ばされて魔法の国オズに連れていかれました。

毎日、ドロシーはエメラルドの都市を目指して旅を続けました。オズの魔法使いに、家に帰る方法を尋ねるためです。

ところがある日、オズに着いたドロシーは、魔法使いに出会います。

その結果、魔法使いはドロシーに邪悪な西の魔女を殺したら、家に帰る方法を教えてあげようと言います。

その結果、ドロシーは危ない目に遭いながらも、ついに魔女を倒します。

その結果、魔法使いは熱気球でドロシーを送り届けることに同意します。

ついに出発の日、ドロシーは飼い犬トトの後を追っていて、熱気球を逃してしまいます。

それ以来、ドロシーは自力で家に帰る力があるのだと思うようになり、実際に帰ったのでした。

ケン・アダムスはつぎのように指摘しています。「映画を物語の骨組みだけにしてしまうと、登場人物の多くはいなくなり、印象深い出来事のほとんどがなくなってしまう。物語の骨組みは物語そのものではなく、あくまで骨組みだからだ。むき出しの構造物に過ぎず、それを土台に物語はつくられている。そして、だからこそ、強力なツールだとも言える。作家は、物語の核となる骨組みに注目し、基本的な要素が適切な場所に配されているかを確認できる」

こうした骨組みは、ビジネスのプレゼンテーションでも活用することができます。この本の冒頭で紹介したスタートアップ企業のカラ・ヘルスの製品紹介に、どう活かせるかをみてみましょう。

昔むかし、アメリカには手の震えに悩む人が八〇〇万人いました。

毎日、彼らは一杯のコーヒーを飲むとか、シャツのボタンをとめるといった単純な動作に苦労していました。

ところがある日、カラ・ヘルスが、手の震えを抑えることのできる装着型の安価な装置を開発します。

その結果、脳の特定部位にワイヤを装着する外科手術に代わる、効果的で手頃な解決策が生まれたのです。

その結果、多くの患者が症状を抑える処置を受けられるようになりました。

その結果、患者は身のまわりのことが楽にできるようになりました。

そして、**ついに**、新しい治療法が、手の震えを抑える標準的な治療になったのです。

それ以来、数百万人の人々が、震えの症状に悩むことなく生活できるようになりました。

物語が効果的かどうかは「バーのテスト」で簡単に確認できる、とデザイン会社IDEOのプロジェクト責任者であるニコル・カーンは言います。ニコルらは、立派なスライドやデータを使わず、バーで誰かに話しかけるように、新しい製品やサービスの物語を聴かせる練習をしています。

バーのテストでは、面識のない人にアイデアを披露し、その場で意見や感想をもらいます。ニコルはこう説明します。

物語を人に聴かせるのです。言葉にして。私たちが何をしているのかをまったく知らない同僚を捕まえて、ビールかコーヒーを奢ります。一五分間話を聴いてもらって要点を理解してもらえるかどうか確認するのです。相手がいつ身を乗り出すか、いつ目をそらすか、いつ携帯を手に取るのか、といった点に注目します。何が意外で、何が面白いかを見るのです。こうして、心に残ることや共感することを絞っていきます。物語を簡潔にするために。それこそが、物語を人に聴かせることの魔法です。何の投資も要らず、行き詰まる理由もありません。何度も繰り返すことができるのです。

物語の主な目的は、聴き手の情熱を呼び起こし、確実に行動につなげてもらうことです。ロバート・サットンとハギー・ラオは、共著の『*Scaling Up Excellence*（卓越性を拡大する）』で、この点を論じ、「ホット」な大義と「クール」な解決策が必要だと述べています。人は感情を揺さぶられると、自分本位の考えをやめ、集団の利益について考えるようになるといいます。例として挙げられているのが、ヘルスケア向上協会による二〇〇六年のイニシアチブ「一〇万人の命のキャンペーン」です。

これは、救命率の大幅な向上を目指して、一人の患者を見終わったら手を洗う、といったごく単純な六つの習慣を取り入れるよう、医師や看護師にはたらきかける活動です。キャンペーンを始めるにあたり、医療関係者四〇〇〇人を集めて会議を開き、防ぐことのできた医療ミスで娘を亡くしたソレル・キングに話をしてもらいました。もう二度とこのような悲劇を起こさないでほしい、というソレルの切実な訴えは、聴衆の心を動かし、六つの習慣が取り入れられるようになりました。それによって、一〇万人以上の命が救われたのです。

これはまさに、命を救うという「ホット」な大義が、手を洗うという「クール」な解決策で実現された例だと言えるでしょう。

◆◆◆

ロバート・チャルディーニは、著書の『影響力の武器』〔邦訳：誠信書房〕で、人を動かすアプローチとして、「報恩」「一貫性」「社会的な証明」「好意」「権威」「希少性」の六つを挙げています。優れたリーダーが、これらのツールをどのように活用して周りに影響を与え、大義を実現しようとしているのか、具体例でみてみましょう。私自身が影響力を目のあたりにした身近な例を選びました。

スタンフォード・テクノロジー・ベンチャーズ・プログラム（STVP）では、二〇一一年に大きな挑戦をしました。全米科学財団の助成を受けて、全米のエンジニアリング教育にイノベーションと起業家的思考を導入する役割を担ったのです。この新たなイニシアチブは、「National Center for Engineering Pathways to Innovation」を略し、「エピセンター」〔「震源」の意味もある〕と名づけられました。大胆な目標のもと、全米各地に散らばる研究者がチームを組み、プロジェクトは慌ただしくスタートしました。メンバー同士は、過去に共同研究をしたこともありません。あまりに視点がばらばらで、性格も違っていたことから、全員の足並みを揃えるのはほぼ不可能に思えました。実際、一年目には、空中分解しかねないところまで追い詰められました。けれど、成功すれば得るものが大きく、逆に失敗すれば失うものがあまりに大きいプロジェクトなので、なんとしても全員の足並みを揃え、おなじ方向を目指し、熱意をもって取り組んでもらわねばなりません。エピセンター自体が、一貫性のあるビジョンと計画を広め、実行するため、周りを鼓舞できる起業家的リーダーを必要としていました。

エピセンターの責任者のトム・バイヤーズが、この難しい任務に挑みました。プロジェクトの非営利のパートナーであるベンチャー・ウェルのCEO、フィル・ウェイラーシュタインと連携し、チャルディーニの人を動かすアプローチを参考に、多様な人材を束ねる方法を模索しました。

最初は、「一貫性」を訴えました。公の場で、このプロジェクトに具体的な貢献をするという約束をするよう全員に求めました。公に約束すれば、最後までやり遂げる確率が大幅に高まります。トムは、明確な目標と成果物に関して、全員の同意を取り付けました。

つぎに、「報恩」のツールを活用しました。メンバーがうまくいくように手助けするのです。各人の要望や不安に耳を傾け、要望に応える方法を探しました。すると、メンバーは恩義を感じ、トムの依頼に応えてくれるようになりました。

さらに、メンバーに期待する行動をみずから示すようになりました。トムの行動は、それが受け入れられ、期待されているという「社会的な証明」になります。特に、どんなコミュニケーションをして欲しいか手本を示すようにし、期限どおりに首尾よく終わったプロジェクトについては、その都度、積極的に評価するようにしました。

トムが活用したチャルディーニの第四の原則は、「好意」です。自分が尊敬できる人、信頼できる人には、ついて行こうという気になるものです。トムはチームのメンバーと個人的な関係を築き、各自のやる気の源泉は何か、特に必要なことは何かを把握するよう努めました。

プロジェクトの責任者として、トムはメンバーに何をすべきか指示する立場にあります。最後の手段として「権威」を使いましたが、トムがそうしようと思えば使える権力をもっていることはメンバー全員がわかっていました。

各イニシアチブに使える資金には限度があることを明確にするためには、「希少性」を活用しました。残り一枚のコンサート・チケットとか、期限間近の優待など、人は希少性の高いものに惹きつけられるものです。各チームは、自分たちのプロジェクトこそ資金をつけるにふさわしいと周りを納得させなければなりません。チームを代表して資金獲得のための主張を展開することで、メンバーのプロジェクトへの思い入れや責任感は強まりました。

人を鼓舞して行動を促すのは、自分がして欲しいことをやらせるのとは違います。当人がそれをしたくなるように、やる気を引き出すのです。そのために、チャルディーニの六つのツールを補完するのが、オリビア・フォックス・カバンが『カリスマは誰でもなれる』〔邦訳：角川書店〕で挙げている、「集中力」「やさしさ」「威厳」です。

集中力はカリスマ性の最も核になる部分だとオリビアは言います。側にいる人が、気もそぞろで心ここにあらずのときは、誰でもわかります。このように集中力がないと、たちまちカリスマ性は失われてしまいます。会話している最中に携帯電話をいじったり、もっと重要な人がいるのではないかと肩越しに会場内を見回したりされたら、相手はどんな気持ちがするでしょう。「今ここ」に集中できる人はそんなことはしません。まるであらゆる人や物が消えてなくなり、その場にいるのはあなただけであるかのように接してくれます。今ここに集中していないと、すぐにわかるので取り繕うことはできません。

カリスマ性の第二の要素としてオリビアが挙げるのが「やさしさ」です。これは、相手が好かれていると感じ、力になってくれるとの印象をもつことだと言えます。私たちはやさしさを、主にボディランゲージやアイコンタクトから感じます。たとえば、目をあわせない人は、じっと目を見る人にくらべて冷たい印象を受けます。

カリスマ性には「威厳」も含まれます。オリビアは、つぎのように書いています。

威厳とは、自分が周囲に与える影響を自覚していることである。威厳の源は、肉体的なパワー、資産、コネ、専門的な知識、知性、社会的地位など何でもいい。ある人物に威厳があるかどうかは、その人の外見や周りの態度で判断しがちだが、何よりもボディランゲージに表れる。マサチューセッツ工科大学（ＭＩＴ）メディアラボは、交渉や営業の電話、事業計画のプレゼンテーションの出来がいいかどうかを、内容をまったく聞かなくても、声の震えや顔の表情を分析するだけで八七パーセントの正確さで予測できた。

自分自身のカリスマ性をコントロールし、威厳や集中力、やさしさに関わるスキルを磨くことはできます。気をつけてみると、人は立ち方や座り方、話し方、表情、集中しているか、していないかで、カリスマ性を発揮していることに気づきます。

スタンフォードでダンスを教えるアレタ・ヘイズは、「誰もがすでにダンスをしている」と言います。つまり、私たちはつねに動いていて、周りはそれを「ダンス」だと受け止めているというのです。私は幸運にもアレタと一緒に教える機会が多く、彼女のサポートで受講生が集中力ややさしさ、威厳を発揮できるようになり、変わっていく姿を目の前で見てきました。
　肉体的な集中力に関するワークショップを主宰するアレタは、こうした変容を見事に表現します。あるとき、アレタが二通りの部屋への入り方を見せてくれたことがありました。最初は、何気なく入ってきて、部屋のなかを見回します。二度目は意識して歩き、背筋をピンと伸ばし、ヒールをかつかつ言わせながら優雅に部屋に入ってきて、なかにいる人たちに温かいまなざしを向けます。その違いがあまりにも見事で、私は思わず涙してしまいました。アレタ自身がほんの数秒で、どこにでもいる人から、人目を引く人に変身したのでした。

―◆◆◆―

　この章では、周りを巻き込んで、自分の影響力を拡大する方法をいくつかみてきました。具体的には、チームの成果を向上させる環境を整える、思わずその輪に加わりたいと思うような「心に残る」物語を話す、フレームを変えてインパクトの強い物語にする、物語の骨組みなどのストーリーテリングの手法を取り入れてアイデアを伝える、影響力の原則を活用して周りを動かす、自分の強みを強化してカリスマ性を高める、といった方法です。意識しているかどうかにかかわらず、私たちの接し方ひとつひとつが相手に影響を与えています。

何を目指すにせよ、協力者や顧客、投資家、家族、そして友人など、周りの人を巻き込んで応援してもらうことが、起業家の重要な役割です。画家であれ宇宙飛行士であれ、自分の夢を応援し、努力を支えてくれる人が周りにいなければ、アイデアを形にすることはほぼ不可能です。これは何も、自分のアイデアを全員に気に入ってもらわなければならない、ということではありません。ただ、ビジョンが大きな影響力をもつには、熱心な支援者が一定数以上必要です。だからこそ、周りを巻き込むことが、インベンション・サイクルの重要な要素になっているのです。それによって火がつき、想像力、クリエイティビティ、イノベーション、起業家精神というつぎなるインベンション・サイクルの波につながるのです。

課題

1 あなたの人生の物語を三回、人に話すか、文章に書いてみましょう。最初は、自分に起きた良くない出来事だけに焦点をあてます。つぎは、自分がもっている素晴らしいチャンスをすべて挙げます。三回目は、コメディアンになったつもりで、どのエピソードにもユーモアを取り入れます。

2 物語の骨組みを使って、いくつかお話をつくりましょう。出来た物語を、友達や家族、同僚に披露しましょう。

3 自分自身の集中力、やさしさ、威厳について考えてみましょう。このうち、どれが表面に出ているでしょうか。もっと高めることができるのは、どれでしょうか。周りの人を注意深く観察して、その集中力、やさしさ、威厳をこっそり採点してみましょう。こうした資質は、自分や周りにどんな影響を与えているでしょうか。

終章

終わりは始まり

これまで、さまざまな分野で成功した起業家にインタビューを重ね、幾度となくインベンション・サイクルが繰り返されていくのを目のあたりにしてきました。取り組む課題によって各段階にかかる時間は違いますが、パターンは一貫しています。オンラインの教育システム、カーン・アカデミーを設立したサルマン・カーンは、インベンション・サイクルはまさに自分自身が起業してからたどってきた道だと共感してくれました。

二〇〇四年、ボストンのヘッジファンドでアナリストとして働いていたカーンは、ニューオーリンズに住むいとこが数学の勉強に苦労していることを知り、電話で教えることにしました。一年あまり経ち、演習用のソフトを作ろうとしたところ、他のいとこたちからも教えてほしいと言われたため、このソフトを配ることにしました。

さらにその一年後、カーンは演習ソフトの補助教材として短い動画を制作し、ユーチューブに投稿します。いとこたちが喜んだのはもちろんのこと、たまたま動画を見つけた人たちにも、これは使えると評判になりました。カーンは反響の大きさに気をよくして、もっと多くの人たちに届ける仕組みを考えるようになります。これが「想像力」の段階です。カーンは、教えるというひとつのことにのめり込み、新しい教育法を編み出したのです。

三〇〜四〇本の動画を投稿した頃、カーンのもとに続々と手紙やメールが届くようになりました。子どもたちは苦手科目を克服できたこと、親たちは子どもの成績が上がったことへの喜びと感謝を綴っていました。動画の内容を充実させようと、カーンはさまざまな教育法や技術を試して、その効果を検証しました。「クリエイティビティ」の段階です。意欲的に実験を繰り返すことが必要でした。

初めて動画を投稿してから三年後の二〇〇九年には、毎月の利用者が一〇万人に達しました。この成功を受けて、カーンは金融の仕事を辞め、オンライン教育に全精力を注ぐことを決意します。のめり込むほどに既存の教育法に疑問が湧いてきて、独自の学習プラットフォーム、カーン・アカデミーを設立するに至ったのです。これが「イノベーション」の段階であり、的を絞り、フレームを変えることで斬新なアイデアを思いつくことができました。

カーン・アカデミーの利用者を増やす、という大きなビジョンを実現するには、資金を確保し、従業員を雇わなければなりません。カーンには周りの人を惹きつけ、やる気を引き出す才能がありました。それによって素晴らしいチームをつくり、パートナーシップを構築し、寄付を募ることができました。これが「起業家精神」の段階です。粘り強く続けること、周りのやる気を引き出すことが必要でした。カーンの活動は世界中に反響を呼び、学生や教育者、起業家の想像力を刺激しました。

カーンの例が示しているとおり、自分自身のアイデアを形にするための土台をつくると、それがひとつの型（プラットフォーム）となって、おなじことをする人が出てきます。これがまさに、インベンション・サイクルの本質です。

これまでの章で述べてきたように、ひらめきを形にするというこのプロセスには、効果的な道筋があり、そのために必要な姿勢や行動があります。

・想像力をはぐくむには、まずは、ひとつの世界に飛び込み、その世界にどっぷり浸かること、そして、今あるものに代わるものを思い描くことが必要
・クリエイティビティを発揮するには、やる気をかきたてること、実験を繰り返しながら課題を解決することが必要
・イノベーションを起こすには、フォーカスすること、そして、フレームを変えてユニークな解決策を打ち出すことが必要
・起業家精神を発揮するには、粘り強く続けること、周りを巻き込むことが必要

取り組む姿勢が立派でも、それを行動に移さないかぎり空回りしてしまいますが、逆に姿勢がなっていなければ、やみくもに動いて失敗するだけです。何を目指すにせよ、姿勢と行動がしっかり結びついてこそ少ない労力で想像以上のことが可能になります。

この観点からインベンション・サイクルを改めて眺めると、姿勢がぶれない人には実行力があり、行動力がある人には発想力があることがわかります。実行力とは、物事をやり遂げる能力であり、発想力とは、型破りなアイデアを思いつく能力です。どちらも必要な資質ですが、片方だけでは十分と言えません。実行力と発想力が揃ってはじめて、新しいアイデアを実現することができるのです。

【実行に必要な姿勢】↔【発想を鍛える行動】
どっぷり浸かる ↔ ビジョンを描く
やる気を高める ↔ 実験を繰り返す
フォーカスする ↔ フレームを変える
粘り強く続ける ↔ 周りを巻き込む

インベンション・サイクルは、イノベーションや起業家精神に関連した他のモデルを支え、強化するのにも役立ちます。代表的なモデルに、スタンフォード大学のdスクールの仲間が開発し、世界中で普及している「デザイン思考」があります。

デザイン思考では、通常、アイデアを生み出す過程を五つのステップに分けて考えます。

観察する→定義づける→アイデアを出す→プロトタイプをつくる→テストする

デザイン会社IDEOの社長兼最高経営責任者（CEO）のティム・ブラウンは、デザイン思考をつぎのように定義しています。「イノベーションに対する人間中心のアプローチであり、デザイナーのツールキットから引き出し、人々のニーズとテクノロジーの可能性を追求し、ビジネスとして成功する要件を満たすものである」

デザイン思考を実践する人たちは、このプロセスを活用し、視点を定めて、注意深く観察し、その結果に基づいて解決すべき問題を特定します。たとえば、患者の視点から入院生活を観察し、「容態をモニターするための機器がうるさく音を立てるなかで、患者が安眠できるにはどうすればいいか」という問いを立てるのです。

デザイン思考で考える人たちは、解決策になりうるアイデアをいくつも出していきます。その多くについて、急造のプロトタイプ（プレトタイプ）をつくり、患者に実際に試してもらって意見を集めます。たとえば、うるさいビープ音を遮断する特別なヘッドフォンとか、心拍音とおなじリズムの音楽を再生する機器、といったアイデアが考えられます。

デザイン思考のさまざまなスキルは、それぞれを並行させながら使うのがもっとも効果的です。たとえば、取り組むべき問題を特定しながら、アイデアを出していくことが重要です。また、デザインのプロセスを通して観察を続けることで、新たな発見があります。必要なスキルを習得するには逐次的なリニアプロセスが役立ちますが、経験豊富な人たちは、あくまで指針として使い、そのとおりにすることはありません。おなじことは、インベンション・サイクルにもあてはまります。各段階でスキルを身につければ、それらを組み合わせながら、起業家としての旅を続けていきます。起業プロセス全体を支える、揺るぎない姿勢と行動力が備わるのです。

インベンション・サイクルは、デザイン思考の枠組みを下敷きにしていますが、三つの点でそれをさらに発展させたものだと言えます。

1　インベンション・サイクルは、クリエイティビティとイノベーションを分けて考えます。クリエイティビティは期待される結果を生みだしますが、イノベーションは革新的なアイデアを生み出します。デザイン思考は各段階でアイデアを出していくのですが、インベンション・サイクルでは、こうした積み重ねから飛躍したユニークなアイデアを生み出すことを促すためで、この区別は重要です。

2　インベンション・サイクルは「姿勢」を重視しています。創造的なプロセスには、どんな姿勢でいるのか、そのマインドセットが強く影響すると考えられます。ひとつのことにのめり込み、的を絞って、意欲的に粘り強く取り組めば、本物のイノベーションを生み出すことができ、障害にぶつかっても克服して、アイデアを実現できる可能性が高まります。

3　インベンション・サイクルは、実現の段階を明確に捉えています。この段階でアイデアは世の中に認知されるわけですが、そこに至るには、粘り強く続けること、周りを巻き込むことが必要です。アイデアの実現がさらに新しいアイデアを呼び、他の誰かの想像力を刺激して、新たなサイクルをスタートさせる点で、重要なステップだと言えます。

インベンション・サイクルは、スティーブ・ブランクやエリック・リースが開発した「リーン・スタートアップ」に必要な基本的なスキルも提供します。このモデルは、起業段階では、手っ取り早い実験を繰り返し、顧客からのフィードバックを取り入れて製品開発に生かすことを奨励しています。顧客の意見を採用しながらニーズを満たす製品を製造し、サービスを構築することによって、失敗のリスクを減らし、初期投資を抑えられることを示しています。

ブランクは、リーン・スタートアップの手法を学ぶ優れたプログラムを開発し、世界中に広めましたが、ワークショップの参加者の多くが起業を目指しているものの、どこから手をつけていいのかわからないという難点があることに気づきました。ブランクの開発したモデルは、解決したい問題を特定した後から始まっていて、解決するためのアイデアをすでに思いついていることが前提になっているのです。ブランクは、インベンション・サイクルがリーン・スタートアップのプロセスを補強するものだと言っています。

リーン・スタートアップは、アイデアを商業ベースに乗せるプロセスだ。その前提として、スタートアップ企業は、検証されていない、いくつもの仮説を基に出発しているという考えがある。これらの企業は、外に飛び出し、仮説を検証し、最小限の製品をつくって顧客になりそうな人たちに試してもらい、意見を取り入れて、洗練させていくことで成功する、と考える。

すでにアイデアがあるなら、このプロセスで十分うまくいく。だが、アイデアはそもそも、どこから来るのか。ひらめきや想像力、クリエイティビティはどこで実を結ぶのか。それらはイノベーションや起業家精神とどう関連しているのか。

私は起業教育に携わってきたが、学生を鍛えようにも、彼らの想像力をかきたてるツールが見当たらず、クリエイティビティを発揮するプロセスがないのが悩みの種だった。イノベーション／起業を促すプロセスには、それらの「基礎」となるべき、起業家の想像力をかきたて、クリエイティビティを引き出すスキルやプロセスが必要なのだと気づいた。「起業家的なマインドセット」を構成する言葉や要素を定義する必要があったのだ。

インベンション・サイクルは、起業的なあらゆる試みのスタート台となり、さらに途中の道しるべを提供するものです。大胆なアイデアを生み出すツールと、ひらめきを形にするためのロードマップを授けます。これらを活用すれば、より多くのチャンスを見つけ、ユニークな解決法を生みだし、アイデアを具現化できるようになるでしょう。これらは、人生の設計図を描き、それを実現するうえでも重要なスキルになるはずです。

各章のおわりに掲げた課題にしっかり取り組んできた読者であれば、すでになんらかの有意義なチャンスに気づき、自分自身の大胆な目標を立てていることでしょう。自分は何によってやる気になるのか、自信とやる気はどんな関係にあるのかが、はっきりわかってきたのではないでしょうか。同時に、この先に待ち受ける壁にも気づいたかもしれません。壁は、自分の内側にも外側にもあります。

身につけたツールは他にもあるはずです。自分のアイデアを検証するためのツール、的を絞り、粘り強く続けていくためのツール、昔からあるものを新しい角度から見ることのできるツール、周りを刺激し、味方として応援してもらうためのツールです。そして、自分自身を労り、エネルギーを補給しながら旅を続けることがいかに大切かもわかってもらえたと思います。

―◆◆◆―

こうしたスキルや姿勢は、すべての人が身につけるべきものだと私は考えます。そうすることで自分の人生を思い描き、望みどおりに生きられる準備をすることになるのです。こうしたスキルを学ぶ機会は増え続けています。第3章で取り上げたドン・ウェトリックは高校生に教えています。さらに世界各地で、デザイン思考と問題解決型の学習を取り入れる学校が増えています。

クラウドファンディングで持続可能なコミュニティの構築を目指すトライブワンテドを設立したベン・キーンは、「人生の学校」と題した投稿で、興味深い例をいくつも取り上げています。全寮制で勉学、スポーツ、人格形成を通してロールモデルの育成を目指すガーナのライト・トゥ・ドリーム、ビジネススクールとデザインスクールを融合したデンマークのカオス・パイロッツ、社会起業家の育成を目指すベルリンのDOスクール、既存の教育に実験的学習を取り入れたバリ島のグリーン・スクール、世界中の参加者から次世代のクリエイティブ・リーダーを養成するアムステルダムやバンクーバーのTHNK、文化を通して感情的知性（EQ）の開発を目指すロンドンのスクール・オブ・ライフ……。

幸運にもわたしは、一八歳から二八歳までの若者を対象にしたドレイパー大学の斬新なプログラムに関わっています。この大学は、ベンチャーキャピタリストのティム・ドレイパーによって二〇一三年に設立されました。ドレイパーは、自身のファンド、ドレイパー・フィッシャー・ジャーベットソンを通して、テスラやスカイプ、テラノス、バイドゥ、スペースXなど名だたるベンチャー企業に出資しています。

私が関わっているプログラムでは、参加者が自分自身の人生のヒーローになる準備をします。カリフォルニア州サンマテオ中心部の歴史あるホテルを拠点にするこの大学は、およそ伝統的な学校とは違います。八週間の実験的なプログラムには、自分自身の起業家精神に火をつけたいという意欲的な受講生が集まっています。新たに事業を立ち上げる方法を学びに来る人もいれば、自分らしい人生をスタートさせるために学びに来る人もいます。

建物の一階は開放的なスペースで、レイアウトが自由に変えられるようになっています。壁一面がホワイトボードで覆われ、色とりどりの豆袋でできた椅子が並んでいます。この部屋は「卵の部屋」と呼ばれています。上階の各階には、ワンダーウーマンやスーパーマンなど、スーパーヒーローの絵が描かれています。若い参加者たちがこの絵に触発され、自分もヒーローとして偉業を成し遂げられると思うようになるのを願ってのことです。

プログラムはじつに多彩です。SF小説を読んで斬新な未来を思い描く方法を学んだかと思えば、居心地のいい場所から離れて肉体的、精神的にタフな課題に取り組む授業もあります。ブランディングや販売などのビジネススキルを学びながら、交渉力や嘘を発見する能力も磨きます。3Dプリンタやバーチャルリアリティなどの最先端技術やアイデアにふれる機会も豊富です。毎日さまざまな分野で実績を残した人たちと会い、彼らも自分たちとさほど変わらないことを発見します。「サバイバル」をテーマにした週末の演習では、救命処置や傷口の縫合からはじまり、陸地を離れて生きる方法を習得します。

こうした演習と並行して、自分自身が考えた事業のアイデアに取り組み、プログラムの最後に専門家の前で行なうプレゼンテーションに備えます。成功の鍵は、大胆な目標を掲げて、そこに到達するまで粘り強く続けることであり、まさにそれがドレイパー大学の教育の要ともなっているのです。

じつは、こうしたスキルは、自分でも身につけることができるものです。大胆な目標を掲げて道を切り拓いてきたお手本となる人たちは数えきれないほどいます。この本では、そうした人たちの物語を数多く取り上げました。カーン・アカデミーを設立したサルマン・カーンのように、インドでエイズの啓蒙活動に取り組むピヤ・ソルカーのように、インベンション・サイクルのプロセスに従うことで、自分自身でスキルを身につけ、磨いていくことができます。まずはひとつのことに没頭し、自分がどうなりたいのかビジョンを思い描くことです。前に進もうというやる気があれば、実験が始まります。そうすると、問題だと思ったものがじつはチャンスだと気づくことができます。自分なりの解決策を見つけたら、粘り強くそれを周りの人に伝えて、起業の旅に加わってもらうのです。

自分の大きな可能性を試したい、確かな未来へ踏み出したいと渇望する人々は世界中に大勢います。二〇〇九年に『20歳のときに知っておきたかったこと』を、二〇一二年に『未来を発明するためにいまできること』を出版して以来、世界中から一〇〇〇通を優に超える手紙をもらいました。日本、韓国、タイ、ロシア、イスラエル、ブラジル、アフリカ……国は違えども、人生を賭けるような有意義なことがしたい、という思いはみなおなじで、そのために助けとなるツールを必死で探しています。資源が限られているとか、周囲から暗黙の期待がある、といった外的な重圧に悩む人もいれば、目標を達成するだけの自信がないといった、内面の葛藤と闘っている人もいます。
インベンション・サイクルは、私のこれまでの研究を発展させたもので、一人ひとりの姿勢と行動をしっかり結びつけ、自分の望む人生を生きられるようにするためのロードマップとなるものです。

――◆◆◆――

私はこの本を、二〇歳の誕生日直前に自分自身に宛てて書いた手紙から始めました。最後は、ひとりの学生からもらった手紙で締めくくりたいと思います。手紙では、「エンジニアリング・イノベーション」のコースを取ったことによる成果について、授業で学んだ物語の骨組みを使って振り返っています。

昔むかし、フセインという名の学生がいました。彼に会う人のほとんどが、どうしてスタンフォードへの入学を許されたのか、と聞いてくるほど、ごく平均的な若者でした。
毎学期、フセインは自分の足りないところをカバーしようと、自分の興味とは関係ない専門的で難易度の高いコースを取りました。
ところが三年生の一学期になると、フセインは、友達が感心しそうな難しい授業ではなく、自分の興味にしたがって授業を取ることにしました。

その結果、まるで一貫性のない時間割になりました。興味をもった授業のひとつがエンジニアリング・イノベーションでした。

その結果、授業に積極的に参加し、授業で学んだ原則を日常生活にも活かすようになります。

その結果、フレームを変えて問題を捉え直すこと、常識を疑うこと、説得力のある物語を紡ぐこと、といったスキルがどんどん身についていきました。

その結果、フセインは、受け身の参加者ではなく、積極的なイノベーターとして人生を考えるようになりました。

ついには、「今この時」を意識するようになったのです。

それ以来、学んだことは生き続けています。最も重要な教訓は、自分がすべきだと思うことでなく、やりたいと思うことをやっているときに、ひらめきが生まれ、幸福を感じる、ということです。今どうダンスを踊るかで将来が決まるのです。

フセインの物語は、姿勢と行動が分かちがたく結びついていることを再認識させてくれます。姿勢が行動につながり、行動すれば姿勢に表れる、というように互いに燃料を補給することで、強力な連鎖反応が起こり、実行力と発想力がつぎつぎ湧いてきます。積極的に姿勢を整え、行動を磨いていけば、この循環は途切れることなく、どんなことでも達成できます。あなたのインベンション・サイクルを操るのはあなた自身であり、終わりは始まりなのです。

課題

1 自分の目標について自分自身に宛てて書いた手紙に戻りましょう。今度は、インベンション・サイクルの各段階に必要な姿勢と行動をすべて取り入れた形で、もう一度、編集してください。

2 このプロセスを通して、気づいたことを書き出してみましょう。前からわかっていたことはどれでしょうか。初めて気づいたことはどれでしょうか。学んだことが今後の姿勢や行動にどんな影響を与えるでしょうか。

課題のまとめ

目標を設定する

◆自分自身に宛てて、将来こうありたいと思う自画像や、やり遂げたいことを手紙に書いてみましょう。自分にとって意味がある期限を具体的に設定します。この課題の狙いは、自分が立てた目標に近づく方法を自分自身で考える姿勢を養うことにあります。手紙は、第2章と最後に見直す機会があるので、下書きとして気楽に考えてください。

チャンスを見つける

◆カフェ、職場、通り、公園、自宅でもどこでもいいので、一か所にとどまり、一時間じっくり観察してみましょう。気づいたことをできる限り挙げていきます。そして、それにはどんな意味があるのか、それに対してできることはないかを考えてみましょう。できるだけ多く挙げるのがポイントです。

◆いま仕事についているとしても、求人広告を眺めてみましょう。そのなかから、まったく異なる職種を三つ選んでください。広告に書かれた職務内容から、どんな方向に進む可能性があるか、一段落程度の文章にまとめてみましょう。

将来を思い描く

◆57ページのケヴィン・マイヤーのイラストを使って、自分なりの物語をつくってみましょう。

◆地元から始めて全世界を相手にするまで、それぞれステージがあると考えます。いまは、どのステージにいて、将来はどのステージで活躍したいと思いますか。どうすれば、そのステージに立てるでしょうか。新たな目標を設定したら、自分宛てに書いた最初の手紙に戻って、必要があれば修正しましょう。

◆いまの自分の役割をひとつ選び、ステージが広がった状態を想像してみましょう。ステージが広がると、その役割はどう変わるでしょうか。ステージを広げるには、どうすればいいでしょうか。

◆目標の前にどんな壁が立ちはだかっているでしょうか。内なる壁はどれで、外側の壁はどれでしょうか。考えてみましょう。

やる気を高める

◆自分のやる気に火をつけるのは何でしょうか。短期、中期、長期で考えてみましょう。家族、教育、仕事、コミュニティなど、人生のさまざまな側面について、どんなことで、自分はやる気になるのか考えてみましょう。

◆自分の活動は、やる気と自信のマトリックスのどの枠にあてはまるでしょうか。友達、家族、同僚にもおなじようにやってもらい、結果を見せ合いましょう。ひとつひとつの活動について、どうしてそこに置いたのか考え、右上の枠に動かす方法はないか話し合ってみましょう。

実験する

◆プレトタイプをつくる練習をしましょう。生活のなかで、課題／チャンスと思われるものを二、三個選びます。課題の大きさは問いません。解決策をいくつか考え、異なるタイプのプレトタイプを設計、実行して、実現可能性を評価します。それぞれについて、どのアプローチを使うのか――メカニカル・タークか、ピノキオ・テクニックか、ファサードなのか考えましょう。たとえば、レストランの新メニュー、目覚まし時計が埋め込まれた枕、個人専用のエクササイズのメニューを提供するアプリについてプレトタイプをつくるとすれば、どの方法を使うでしょうか。

◆前章の自分のやる気を高めるリストを参考に、前述の課題／チャンスに取り組む実験をいくつか考えてみましょう。

◆実験しましょう。これまでやったことがないことに挑戦し、どうなるか試してみましょう。実験は、社会的なことでもいいですし、体を使うことでも頭を使うことでも構いません。結果を評価し、そこから何を学んだかを考えます。それによって、おなじ分野で新たな実験をする意欲が湧いてきたでしょうか。

フォーカスする

◆みずから中断することなく、ひとつのことにどれだけ集中できるか観察しましょう。静かな場所を選んで、自分が終わらせたい作業をします。すぐに気が散るようなら、気を散らすものをひとつずつ取り除いていきます。コンピュータを閉じ、携帯電話の電源を切り、机に散らかっているものを片付けましょう。

◆あなたのゴミ圧縮機には、何が入っているでしょうか。他の人に渡せるもの、捨てられるものはどれでしょうか。

◆グレッグ・マキューンが考えた134ページのマトリックスを見直してみましょう。適切なことに集中するだけでなく、何に集中するかを積極的に決めることができているでしょうか。できていないとすれば、右上に移動するには何が必要でしょうか。

フレームを変える

◆利き手ではない方の手で文字を書いたり、歯を磨いたりして、ホムンクルスの可塑性を鍛えましょう。

◆日常生活のなかで、楽しめていないことを選び、楽しくする方法を見つけましょう。状況を違った角度から見られる方法や、その経験を変えることのできるものを考えましょう。

◆自分自身で設定した目標に戻って、それを達成する突飛なアイデアをいくつか挙げてみましょう。どうすれば、それらのアイデアが現実的なものになるか考えてみましょう。

粘り強く続ける

◆自分が持っている資源をすべてリストアップしましょう。わかりやすいものから始め、だんだん掘り下げていきます。目に見えるものはもちろん、目に見えない資源の大切さに気づきましょう。

◆今週は、いつもより少しだけ大きな「歩幅」で二、三歩踏み出しましょう。たとえば、いつもより少し手間がかかるボランティアをする、あるいは、一見むずかしそうな問題に取り組んでみてください。やってみた後、少し時間を取って振り返りましょう。結果は自分の予想どおりだったでしょうか。大きな歩幅で、優雅に歩けたでしょうか。

◆あなたの「海」は、どのくらいの深さでしょうか。岩山は、海面からどのくらい下にあるでしょうか。海面にいちばん近い岩山を見つけられますか。常に新鮮な気持ちでいるために何をしていますか。他にできることはないでしょうか。

周りを巻き込む

◆これまでの人生を振り返り、三回、人に話すか、文章にまとめてみましょう。最初は、自分の身に起きたひどい出来事、二回目は素晴らしい出来事に的を絞ります。三回目は、コメディアンになったつもりで、面白いエピソードを中心にします。

◆物語の骨組みに添って、いくつか物語をつくってみましょう。それらを友達や家族、同僚に話して聴かせてください。

◆自分自身の集中力、やさしさ、威厳について考えてみましょう。これらのうち、どの資質をいちばん発揮していますか。どれを高められるでしょうか。周囲の人たちの集中力、やさしさ、威厳を観察しましょう。自分も含めて周りはどれだけ影響を受けているでしょうか。

姿勢と行動を見直す

◆自分自身の目標について書いた最初の手紙に戻りましょう。今回は、インベンション・

サイクルの各段階で必要とされる姿勢や行動とあわせて考えます。

◆このプロセスを通して、気づいたことをリストにしてみましょう。前から気づいていたのは、どんなことでしょうか。新たに気づいたのは、どんなことでしょうか。学んだことによって、姿勢や行動はどう変わるでしょうか。

感謝の言葉

どの本もそうですが、読者が最初の一文を目にするよりもずっと前から物語は始まっています。この本のタネが宿ったのは二〇一三年春。そろそろ新しい本を書きたいと、私はうずうずしていました。本を書くとなると、つぎの一年あまり、どんなレンズで世の中を見るのかを決め、自分の経験や考えを整理していくことになりますが、その作業が貴重な発見をもたらしてくれます。その醍醐味が、私を執筆に向かわせるのです。

本の執筆は、起業家的な試みです。まずは鋭い観察をして、解決すべき重要な課題を特定します。そして、課題に取り組む方法を思い描きます。この本では、こうした起業家的な試みがどのようなプロセスで行なわれるのか、その道筋を明らかにする、という課題に挑みました。それがわかれば、誰もが自分が思い描く人生を生きるための参考になる、と考えたのです。

関心をそこに向けることで、私のやる気はかき立てられました。起業家的なプロセス全体を、どんなアプローチで捉えればいいのか、さまざまな手法を試しました。フレームワークをいくつも考え、目次も何十通りもつくりました。試行錯誤を繰り返した末、ようやくひとつのモデルと、それに合うアプローチが見つかりました。最初のアイデアは少しずつ改良されていきましたが、アイデアとアイデアを結びつけ、周りのフィードバックを取り入れると、俄然、面白くなっていきました。

そして、いったん後ろに下がって大きな文脈のなかで課題を捉え直し、新鮮な目で見られるようになると、一気に視界が開けました。そこから勢いがついたわけですが、周りを納得させられると思える事例研究や論文を収集するのに、さらに数か月必要でした。

執筆自体は長期にわたり黙々と進めましたが、その間、決して孤独であったわけではありません。多くの人々から助言やヒントをもらいました。こうして力を貸してくださった方々を改めて思い返すと、感謝の念にたえません。

この本のアイデアを練る過程で、みずからの経験談を披露し、フィードバックをくれたすべての方々に感謝しています。スティーブ・ブランク、ビル・バーネット、リッチ・コックス、ティム・ドレイパー、アンナ・エショー、デイヴ・エバンス、アン・フレッチャー、ジョン・ヘネシー、デビー・ホプキンス、マリー・ジョンソン、サルマン・カーン、カイ・カイト、アン・ミウラ=コウ、ジュリア・ランダウアー、ケヴィン・マイヤー、ビーバリー・パレンティ、ルイス・ピュー、クリス・レドリッツ、ハイディ・ロイゼン、ケイト・ローゼンブルス、ジャスティン・ローゼンシュタイン、マイク・ローゼンバーグ、アルベルト・サヴォイア、エラド・セゲブ、ピヤ・ソルカー、マイケル・タブス、トリスタン・ウォーカー、ドン・ウェトリック、ケイ・ヤング。STVPの膨大な講演録に収められた、起業リーダー連続講演のスピーカーの方々にも御礼を申し上げたいと思います。オリビア・フォックス・カバン、スコット・ハリソン、ベン・ホロウィッツ、ガイ・カワサキ、ジャスティン・ローゼンシュタイン。

草稿に目をとおし、有意義なフィードバックをくれた以下の方々にも御礼申し上げます。ディアナ・バディザーディガン、ヨアヒム・ベンディクス・リオン、ジェイソン・チェン、ジャスティン・フェレル、スティーブン・グレイツァー、フセイン・ケイダー、フェルン・マンデルバウム、ハイディ・ロイゼン、イェル・ウォルフォヴィッチ。

スタンフォード大学の同僚には、これ以上ないほど支えてもらいました。深く感謝しています。ジェニファー・アーカー、ジェレミー・バイレンソン、スティーヴ・バーレイ、スティーブ・ブランク、レティシア・ブリトス・カヴァナロ、トム・バイヤーズ、ベン・コールマン、リッチ・コックス、ディミトレ・ディミトロフ、パーシス・ドレル、レベッカ・エドワーズ、チャック・エスレイ、キャシー・アイゼンハート、ジャスティン・フェレル、マーゴット・ゲリッツェン、ナンシー・ハリソン、マット・ハーヴェイ、アレタ・ハイエス、ピーター・グリン、リタ・カティラ、サラ・カーン、ダン・クライン、トム・コスニク、フェルン・マンデルバウム、ジョン・ミッチェル、ローリー・ムーア、マイケル・ペナ、ジム・プラマー、ハイディ・ロイゼン、バーニー・ロス、アミン・サベリ、アナイス・サン＝ジュード、ニッキー・サルガド、エリ・シェル、ダニエレ・スタシー、ボブ・サットン、ジェニファー・ウィドム。スタンフォード大学経営工学部、スタンフォード・テクノロジー・ベンチャーズ・プログラム（ＳＴＶＰ）、ハッソ・プラットナー・デザイン研究所には、とりわけ感謝しています。日々、才能あふれる同僚や学生から学ぶことのできる私は幸運です。

ＳＴＶＰのすべての研究は、不可能と思えるほど少ない資源で想像以上の大きな成果が挙げられることを若者に教えたいと熱望する篤志家の支援で成り立っています。以下の方々に厚く御礼申し上げます。アクセル・パートナーズのジム・ブライヤーとピン・リー。ドレイパー・フィッシャー・ジャーベットソンのティム・ドレイパー、スティーヴ・ジャーベットソン、ジョン・フィッシャー。シティ・ベンチャーズのデビー・ホプキンスとデビー・ブラッキーン、フェンウィック・アンド・ウェストのゴーディ・デヴィッドソン、ダン・ドロシン、マーク・リーヒ、ティナとトリフェのミケルセン夫妻、アーブレイ・チェルニック。そして、プログラムを支援し続けてくれている、すべてのＳＴＶＰの卒業生にも感謝します。

ハーパーワン社の素晴らしい仲間がいなければ、この本が世に出ることはありませんでした。ギデオン・ウェイルは世界一の編集者として、適度なプレッシャーと完璧な指導、そして尽きることのない励ましをくれました。ギデオンとの会話は毎回とても楽しみで、原稿の枝葉を切り落とし、磨きをかけるうえでずいぶん助けられました。この本に関わってくれたハーパーワン社のすべての方々にも御礼申し上げます。クラウディア・ブット、キム・デイマン、ヒラリー・ローソン、テリー・レオナルド、エイドリアン・モーガン、キャシー・ライスタッド、レネ・セノグレス、リサ・ズニガ。そして、何年も前にハーパー・コリンズ・ファミリーの一員に迎え入れてくれた、ハーパーワンの編集人、マーク・タウバーにはとりわけ感謝しています。

最後に、いつも励ましてくれている素晴らしい家族や友人には、感謝の気持ちでいっぱいです。両親と息子夫婦のジョシュとケイティ。そして、良き夫のマイケルには声を大にして御礼を言わせてください。この三〇年、どん底の時期にも、揺るぎないサポートと貴重なフィードバック、思慮深い意見、そして尽きせぬ愛を与えてくれました。マイケルがチームの一員でなければ、この本が完成することはなかったでしょう。私のスーパーヒーロー、マイケルに心からの愛を捧げます。

註

読者への手紙

1. Tina Seelig, ***What I Wish I Knew When I Was 20*** (San Francisco: HarperOne, 2009).『20歳のときに知っておきたかったこと——スタンフォード大学 集中講義』(高遠裕子訳、CCCメディアハウス)
2. Tina Seelig, ***inGenius: A Crash Course on Creativity*** (San Francisco: HarperOne, 2012).『未来を発明するためにいまできること——スタンフォード大学 集中講義Ⅱ』(高遠裕子訳、CCCメディアハウス)
3. スタンフォード・テクノロジー・ベンチャーズ・プログラムのサイトは以下を参照。http://stvp.stanford.edu.

序 章

1. ラスト・マイルのサイトは以下。https://thelastmile.org.
2. 9つの点のパズルについて、詳しい情報は以下を参照。http://en.wikipedia.org/wiki/Thinking_outside_the_box.
3. Jim Adams, ***Conceptual Blockbusting***, 4th ed. (New York: Basic Books, 2001).『よい製品とは何か——スタンフォード大学伝統の「ものづくり」講義』(石原薫訳、ダイヤモンド社)
4. Mark A. Runco and Garrett J. Jaeger, "The Stanford Definition of Creativity," Creativity Research Journal 24, no. 11 (2012): 92-96.
5. Sir Ken Robinson, "Can Creativity Be Taught?," http://youtube/vlBpDggX3iE.

6. バイオデザイン・イノベーション・フェローシップのサイトは以下。http://biodesign.stanford.edu.

第I部 想像力

1. Scott Harrison, "Thirsting for a Life of Service," Stanford lecture, Nov. 6, 2013. 講演の動画は以下を参照。http://ecorner.stanford.edu.
2. チャリティー・ウォーターのサイトは以下。http://www.charitywater.org.

第1章 どっぷり浸かる

1. Jennifer L. Roberts, "The Power of Patience," Harvard Magazine (online), Nov./Dec. 2013, http://harvardmagazine.com/2013/11/the-power-of-patience.
2. Nicholas Carlson, "Lyft, a Year-Old Startup That Helps Strangers Share Car Rides, Just Raised $60 Million from Andreessen Horowitz and Others," May 23, 2013, http://www.businessinsider.com/lyft-a-startup-that-helps-strangers-share-car-rides-just-raised-60-million-from-andreessen-horowitz-2013-5.
3. Chip Conley, ***Emotional Equations*** (New York: Atria Books, 2013).
4. Scott Barry Kaufman, "From Evaluation to Inspiration," Aug. 27, 2014, https://medium.com/aspen-ideas/from-evaluation-to-inspiration-26636af27c62.
5. Dave Evans and Bill Burnett, "Designing Your Life," Stanford Open Office Hours, Jan. 30, 2014, http://youtube/YKEq5iEmMSo.

1. ジュリア・ランダウアーのサイトは以下。http://www.julialandauer.com.
2. Angie LeVan, "Seeing Is Believing: The Power of Visualization," Psychology Today (online), original post written Dec. 3, 2009, https://www.psychologytoday.com/blog/flourish/200912/seeing-is-believing-the-power-visualization.
3. Kevin Meier, Flint Books, http://www.flintbooks.me.
4. Elad Segev, "When There Is a Correct Answer: Exercise in Creative Thinking," May 9, 2013, http://youtu.be/9TskeE43Q1M.
5. Caroline Bologna, "Letter from LEGO to Parents in the '70s Makes an Important Point About Gender," Nov. 24, 2014, http://www.huffingtonpost.com/2014/11/24/lego-letter-from-the-70s_n_6212362.html.
6. "Jeff Bezos," no date, http://www.biography.com/people/jeff-bezos-9542209.
7. Martin Luther King, Jr., "I Have a Dream," address delivered Aug. 28, 1963, http://www.americanrhetoric.com/speeches/mlkihaveadream.htm.
8. Kai Kight, "Composing Your World," TEDx talk (Manhattan Beach), Dec. 4, 2014, http://youtu.be/eGGhlLW3GUA.
9. Steven Levy, "Google's Larry Page on Why Moonshots Matter," Wired (online), Jan. 7, 2013, http://www.wired.com/2013/01/ff-qa-larry-page.
10. Miguel Helft, "Larry Page: The Most Ambitious CEO in the Universe," Fortune (online), Nov. 13, 2014, http://fortune.com/2014/11/13/googles-larry-page-the-most-ambitious-ceo-in-the-universe.
11. Felipe Santos and Kathleen Eisenhardt, "Organizational Boundaries and Theories of Organization," Organization Science 16, no. 5 (2005): 491-508.

12. Karol V. Menzie (on Nancy's Quiches), "Entrepreneur Carves Out Niche for Quiche in 'Real' Food Market," Baltimore Sun (online), Oct. 13, 1993, http://articles.baltimoresun.com/1993-10-13/features/1993286028_1_make-quiche-make-quiche-mini-quiches.

13. Ann Miura-Ko, "Founding Thunder Lizard Entrepreneurs," Stanford lecture, Oct. 27, 2010. 講演の動画は以下を参照。 http://ecorner.stanford.edu.

14. Michael Tubbs, TEDx talk (Stanford), May 11,2013 https://tedx.stanford.edu/2013/michael-tubbs.

15. Heather Barry Kappes and Gabriele Oettingen, "Positive Fantasies About Idealized Futures Sap Energy," Journal of Experimental Social Psychology 47 (2011): 719–729.

16. Olivia Fox Cabane (on the impostor syndrome), "Build Your Personal Charisma," Stanford lecture, Oct. 10, 2012. 講演の動画は以下を参照。 http://ecorner.stanford.edu.

第Ⅱ部　クリエイティビティ

1. ニューヨーク・シティ・オペラについては以下を参照。 http://topics.nytimes.com/top/reference/timestopics/organizations/n/new_york_city_opera/index.html.

2. Craig Duff, "Finding Tomorrow's Classical Fans," New York Times (online), May 24, 2014, http://www.nytimes.com/video/arts/music/100000002900637/finding-tomorrow8217s-classical-fans.html.

3. Melena Ryzik, "The Entire Audience Dozed Off? Perfect!," New York Times (online), May 16, 2014, http://www.nytimes.com/2014/05/17/arts/dream-of-the-red-chamber-and-other-sleep-oriented-shows.html.

4. 「スリープ・ノー・モア」のサイトは以下。 http://sleepnomorenyc.com.

第3章　やる気を高める

1. Don Wettrick, ***Pure Genius: Building a Culture of Innovation and Taking 20% Time to the Next Level*** (San Diego: Dave Burgess Consulting, 2014).
2. Daniel Pink, "The Puzzle of Motivation," July 2009, TED talk (global), http://www.ted.com/talks/dan_pink_on_motivation.
3. Daniel Pink, ***Drive: The Surprising Truth About What Motivates Us*** (New York: Riverhead Books, 2011).『モチベーション3・0——持続する「やる気!」をいかに引き出すか』(大前研一訳、講談社)
4. Amy Wrzesniewski and Barry Schwartz, "The Secret of Effective Motivation," New York Times (online), July 4, 2014, http://www.nytimes.com/2014/07/06/opinion/sunday/the-secret-of-effective-motivation.html.
5. メイフィールド・フェローズ・プログラムのサイトは以下。 http://stvp.stanford.edu/mayfield-fellows-program.
6. Guy Kawasaki, "Make Meaning in Your Company," Stanford lecture, Oct. 20, 2004. 講演の動画は以下を参照。http://ecorner.stanford.edu.
7. John Gardner, "Personal Renewal," address delivered to McKinsey & Company, Phoenix, Nov. 10, 1990, http://www.pbs.org/johngardner/sections/writings_speech_1.html.
8. Khalida Brohi (panelist), "Mobilizing for Impact," Clinton Global Initiative, Oct. 2013, http://youtu.be/8i0EatUxo88.

第4章　実験を繰り返す

1. Michelle Trudeau, "Preschoolers Outsmart College Students in Figuring Out Gadgets," NPR, June 30, 2014, http://www.npr.org/blogs/health/2014/06/30/325230618/preschoolers-outsmart-college-students-in-figuring-

out-gadgets.

2. アルベルト・サヴォイアのプレトタイプについては以下を参照。http://www.pretotyping.org.

3. Peter Sims, ***Little Bets*** (New York: Random House Business Books, 2011).『小さく賭けろ！　世界を変えた人と組織の成功の秘密』（滑川海彦／高橋信夫訳、日経ＢＰ社）

4. リッチ・コックスのサイトは以下。http://peoplerocket. com. テックエイドのサイトは以下。http://teachaids.org.

第Ⅲ部　イノベーション

1. キャサリン・ヤングのサイトは以下。http://www.kbyoung.com.

第5章　フォーカスする

1. Olga Khazan, "Precrastination: Worse Than Procrastination?," Atlantic (online), Sept. 24, 2014, http://www.theatlantic.com/health/archive/2014/09/precrastination-worse-than-procrastination/380646.

2. エピセンターのイノベーション・トーナメントのサイトは以下。http://epicenter.stanford.edu/resource/innovation-tournament.

3. Justin Rosenstein, "Leading Big Visions from the Heart," Stanford lecture, May 8, 2013. 講演の動画は以下を参照。http://ecorner.stanford.edu.

4. Tristan Harris, "Distracted? Let's Make Technology That Helps Us Spend Our Time Well," TEDx talk (Brussels), Dec. 16, 2014, https://www.youtube.com/watch?v=jT5rRh9AZf4.

5. "Mindfulness in the Age of Complexity," Harvard Business Review (online), Mar. 2014, https://hbr.

org/2014/03/mindfulness-in-the-age-of-complexity.

6. Cliff Nass, "Are You Multitasking Your Life Away?," TEDx talk (Stanford), June 20, 2013, http://youtu.be/PriSFBu5CLs.

7. Daniel Levitin, ***The Organized Mind: Thinking Straight in the Age of Information Overload*** (New York: Dutton, 2014).

8. Greg McKeown, ***Essentialism: The Disciplined Pursuit of Less*** (New York: Crown Business, 2014).『エッセンシャル思考——最少の時間で成果を最大にする』(高橋璃子訳、かんき出版)

9. Stephen Covey, ***Seven Habits of Highly Successful People***, anniversary ed. (New York: Simon & Schuster, 2013).『7つの習慣——成功には原則があった』(川西茂訳、キングベアー社)

10. Dave Ulacia (on Covey's principles), "Are You Working on the Wrong Things?," Apr. 28, 2009, http://getorganized.fcorgp.com/content/are-you-working-wrong-things.

11. Diane M. Beck and Sabine Kastner, "Top-Down and Bottom-Up Mechanisms in Biasing Competition in the Human Brain," Vision Research 49, no. 10 (June 2, 2009): 1154-1165 http://www.princeton.edu/~napl/pdf/BeckKastner2008.pdf.

12. William D. S. Killgore, "Effects of Sleep Deprivation on Cognition," Progress in Brain Research 185 (Jan. 2010): 105–29.

第6章　フレームを変える

1. Mauricio Estrella, "How a Password Changed My Life," May 14, 2014, https://medium.com/@manicho/how-a-password-changed-my-life-7af5d5f28038.

2. Ian Urbina, "The Secret Life of Passwords," New York Times (online), Nov. 23, 2014, http://www.nytimes.

com/2014/11/19/magazine/the-secret-life-of-passwords.html.

3. Alina Simone, "The Spread of Mondegreens Should Have Ended with the Internet, but It Hasn't," PRI, Nov. 20, 2014, http://www.pri.org/stories/2014-11-20/spread-mondegreens-should-have-ended-internet-it-hasnt.

4. Department of Defense, Crisis Communication Strategies, "Case Study: The Johnson & Johnson Tylenol Crisis," no date, http://www.ou.edu/deptcomm/dodjcc/groups/02C2/Johnson%20&%20Johnson.htm.

5. Douglas Heaven, "Learn to Shake Your New Tail as a Virtual Animal," New Scientist（online）, June 20, 2013, http://www.newscientist.com/article/dn23725-learn-to-shake-your-new-tail-as-a-virtual-animal.html#.VOoElsb3_Y0.

6. Jaron Lanier, "On the Threshold of the Avatar Era," Wall Street Journal（online）, Oct. 23, 2010, http://www.wsj.com/news/articles/SB10001424052702303738504575568410584865010.

7. Tristan Walker, "Be an Authentic Entrepreneur," Stanford lecture, Apr. 9, 2014. 講演の動画は以下を参照。http://ecorner.stanford.edu.

8. Rosamund Stone Zander and Ben Zander, ***The Art of Possibility***（Boston, MA: Harvard Business School Press, 2000）.『人生が変わる発想力』（村井智之訳、パンローリング）

第Ⅳ部　起業家精神

1. Mike Pena, "Experiential Learning Essential to Entrepreneurship Education at Stanford," Sept. 26, 2013, http://stvp.stanford.edu/experiential-learning-essential-to-entrepreneurship-education-at-stanford.

第7章　粘り強く続ける

1. Lewis Pugh, "How I Swam the North Pole," TED talk (global), Sept. 2009, https://www.ted.com/talks/lewis_pugh_swims_the_north_pole.
2. ペンシルヴァニア大学ダックワース研究所のサイトは以下。https://sites.sas.upenn.edu/duckworth/pages/research.
3. "The Entrepreneur Failures Behind the Success of Richard Branson," Mar. 14, 2014, http://www.nextupasia.com/the-entrepreneur-failures-behind-the-success-of-richard-branson.
4. Gregory Warner, "Fleeing War and Finding Work," NPR, Aug. 15, 2014, http://www.npr.org/blogs/money/2014/08/15/340421054/fleeing-war-and-finding-work.

第8章　周りを巻き込む

1. Liz Wiseman and Greg McKeown, "Managing Yourself: Bringing Out the Best in Your People," Harvard Business Review (online), May 2020, https://hbr.org/2010/05/managing-yourself-bringing-out-the-best-in-your-people.
2. Ben Horowitz, ***The Hard Thing About Hard Things*** (New York: Harper Business, 2014).『ＨＡＲＤ ＴＨＩＮＧＳ――答えがない難問と困難にきみはどう立ち向かうか』（滑川海彦／高橋信夫訳、日経ＢＰ社）
3. Chip Heath and Dan Heath, ***Made to Stick : Why Some Ideas Survive and Others Die*** (New York: Random House, 2007).『アイデアのちから』（飯岡美紀訳、日経ＢＰ社）
4. David Eagleman, ***Sum*** (New York: Vintage, 2010).
5. David Aaker, "Skype Uses Storytelling to Drive Growth," Dec. 17, 2014, https://www.linkedin.com/pulse/how-

skype-used-storytelling-david-aaker.

6. "Kurt Vonnegut on the Shapes of Stories," Oct. 4, 2013, http://youtube/9-84vuR1f90.

7. Maya Eilam, "The Shapes of Stories: A Kurt Vonnegut Infographic," Jan. 1, 2012, http://mayaeilam.com/2012/01/01/the-shapes-of-stories-a-kurt-vonnegut-infographic.

8. Teresa Norton, "Story Spine: A Simple Exercise to Get You Unstuck," July 25, 2012, https://hbr.org/2012/07/a-simple-exercise-to-help-you.

9. Kenn Adams, "Back to the Story Spine," June 5, 2013, http://www.aerogrammestudio.com/2013/06/05/back-to-the-story-spine.

10. "This Advice from IDEO's Nicole Kahn Will Transform the Way You Give Presentations," no date, http://shar.es/1W5yiV.

11. Bob Sutton, "Scaling Up Excellence," Stanford lecture, Feb. 12, 2014. 講演の動画は以下を参照。 http://ecorner.stanford.edu.

12. Robert Cialdini, ***Influence: The Psychology of Persuasion***（New York: Harper Business, 2006）.『影響力の武器――なぜ人は、動かされるのか』（社会行動研究会訳、誠信書房）

13. Olivia Fox Cabane, ***The Charisma Myth: How Anyone Can Master the Art and Science of Personal Magnetism***（New York: Portfolio/Penguin, 2013）.『カリスマは誰でもなれる』（矢羽野薫訳、角川書店）

14. Olivia Fox Cabane, "Build Your Personal Charisma," Stanford lecture, Oct. 10, 2012. 講演の動画は以下を参照。http://ecorner.stanford.edu.

終　章

1. Tim Brown, "Design Thinking," Harvard Business Review（online）, June 2008, https://hbr.org/2008/06/design-

thinking.

2. Steve Blank, "Why the Lean Startup Changes Everything," Harvard Business Review (online), May 2013, https://hbr.org/2013/05/why-the-lean-start-up-changes-everything.

3. Steve Blank, "How to Think Like an Entrepreneur: The Inventure Cycle," Sept. 9, 2014, http://steveblank.com/2014/09/09/how-to-think-like-an-entrepreneur-the-inventure-cycle.

4. Ben Keene, "Schools for Life," Oct. 15, 2014, https://medium.com/@benkeene/schools-for-life-eadd9b85ceee.

5. ドレイパー大学のサイトは以下。http://draperuniversity.com.

解説――千里の道は、適当な一歩から。

三ツ松新

「ラファエロのように描くには4年かかったが、子供のように描くには一生かかった」

これは天才画家ピカソの言葉です。子供というのは、不確定要素の多い環境の中でも失敗を繰り返しながら解決策を探し出す天才で、本書の中にもそれを示す実験の例が出てきます。失敗を恐れない心が、自由で斬新なアイデアにつながるというのです。

ピカソは次のような言葉も残しています。

「成功は危険だ。自らの成功をコピーしはじめてしまう。そして、自分の成功をコピーすることは、他人の成功をコピーすることよりさらに危険だ。それは創造性の不妊を招いてしまう」

マイクロソフト創業者のビル・ゲイツも言っています。

「成功は悪い教師だ。賢い人たちに、自分は失敗しないと錯覚させる」

はたして、成功は本当にいけないことなのでしょうか?

そして、私たちはいつから子供のように描くことをやめてしまったのでしょうか？

本書に登場する人物の多くは起業家ですが、起業せずとも、私たちの人生そのものが起業と非常に似たプロセスをたどります。生まれてすぐの自分ひとりでは何もできない状態から、這いつくばりながら前に進めるようになり、何度も転びながら歩くことを覚えます。ようやく歩きはじめたかと思えば、そこらじゅうに頭をぶつけ、目に入るものすべてを口に入れるようになります。

その後、運動能力は目をみはる勢いで発達します。私がまだ幼稚園に通っていたころ、近所のお兄ちゃんたちについていきたい一心で、自転車に乗る練習をしたことがあります。練習と言っても、ブレーキのかけ方すらわからない状態で、いきなり補助輪のない自転車にまたがって坂を下る、という暴挙に出たのです。

初めのうちは恐る恐る足で止めながらでしたが、慣れてきてスピードを上げた途端、坂の途中にあった木に正面衝突。頭からダイブして、おでこに大きなたんこぶを作るはめになりました。決して自慢できる話ではありませんが、おかげで極めて短時間で自転車に乗れるようになったので、名誉の負傷とでも言いたいところです。

このように、今にして思えば無謀な方法で何かを会得した経験は、誰にでもあるのではないでしょうか。

すべての動物には、ある種のプログラミングに似た機能があります。誤解を恐れず単純化すれば、いい経験をすればそれを繰り返したいと思い、悪い経験をすればそれを避けたいと思うようになる、というものです。いい経験には快楽を、悪い経験にはストレスを感じるような信号が脳に送られるからですが、これを繰り返すと、似たような状況においては実際に行動しなくても脳が反応するようになります。

わかりやすい例が食べ物です。おいしいものを食べた後は、それを思い出すだけで唾液が出てきます。一方、食あたりをしたことのある食材を目にすると、食べていないのに当時の苦痛がよみがえってくるものです。

私たちはこのように、行動と経験を通して価値観を形成し、それが十分に強化されると、もはや行動せずとも判断できるようになります。つまり描く前に、どう描けば成功するか、どう描けば失敗するかがわかっているのです。こうして私たちは、子供のように（成功するか失敗するかわからないまま）描くことをしなくなります。

これは、成長とともに脳が効率的に動けるようになるからであり、決して悪いことではありません。むしろ、生きていくために必要な学習能力のひとつです。しかしながら、いったん外部環境が大きく変わったときには逆効果にもなり得ます。とくに現代のような不確実性の高い環境においては、過去の経験が何の役にも立たない場面は多々あるからです。

ピカソやゲイツの言葉は、成功そのものを否定しているわけではありません。過去の成功体験にこだわりすぎると、自分は何でもできるという妙な「万能感」を持ってしまい、挑戦する心を失ってしまうことに対する警告なのです。

しかしながら、過去の成功に頼りすぎてはいけないとなると、私たちは失敗から学ぶ以外に、どうやって成長していけばいいのでしょうか。

ピカソはこう言っています。

「行動はすべての成功の基本的な鍵である」

ナイキの企業スローガンでも言われているように、「ＪＵＳＴ ＤＯ ＩＴ.」、行動することにこそ意義があるのです。本書の原題にある「Get Ideas Out of Your Head and Into the World（頭の中にあるアイデアを世界に解き放とう）」も、まさにこのことを言い表しています。

行動に移すにはモチベーションを高めないといけないと思われがちですが、そうではなくて、まず行動を起こすことで、それが心理的な好影響を与えてくれるのです。気が乗らなかったことも、いったん始めてしまえばそれなりに頑張れた、という経験は誰にでもあるでしょう。何も楽しいことはなくても笑顔を作れば、脳がそれに反応して楽しい気分になってくるのも同じ作用です。

そうは言っても、「ＪＵＳＴ ＤＯ ＩＴ.（行動あるのみ）」だけでは人生訓としては少し心許ない、というのが正直な感想ではないでしょうか。ひとつ間違えば、行き当たりばったりの人生になってしまいます。

「とにかく行動しよう。でも、行き当たりばったりはダメよ」――たしかに一見矛盾していますが、実は地球上の生命体はほぼ例外なく、これを実践しているのです。

『木のように考えよう』という一風変わったタイトルの論文があります。マサチューセッツ工科大学のミッチェル・レズニック教授によるものですが、この中に、中米コスタリカの熱帯雨林にある「歩く木」が出てきます。土から根を引っこ抜いて、そのまま地面に置いたような姿をした木です（ぜひ「歩く木」で画像検索してみてください）。

もちろん、本当に歩くわけではありません。この木は、根で土中の水分や栄養分の具合を探り、豊富な側の根を伸ばし、反対側の根を枯らすことで、つねによりよい環境を求めて自ら進んでいくのです。その結果、一年に数メートル移動することもあるそうです。

このような「最適化」は生物の進化に欠かせない戦略であり、当然、私たち人間も持ち合わせています。その説明として、レズニックは次の二次方程式を用いています。

「$2x^2 - 7x + 29 = 3104$」

このxの値を求めるには解の公式を使えばいいのですが、もし公式がなかったとしたら、あなたならどのようにして解くでしょうか？

おそらく、とりあえず簡単な数字、たとえば０で計算してみる。それがうまくいかないとわかったら１００、というようにランダムに入れてみるしかありません。これでもまだ不正解ですが、重要なのは次のステップです。ここで２００を入れると、行き当たりばったりの人生になってしまいます。

xに０を代入して計算すると式の値は29になり、１００では１９３２９です。ということは、式の値が３１０４になるxの値は、０と１００の間のどこかにあるわけです（29＜３１０４＜１９３２９　だから　０＜x＜１００）。そうとわかれば、次に試すのは50あたりがいいでしょう。これを繰り返すことによって、行き当たりばったりではなく、着実に正解に近づいていけるのです。

このサイクルをレズニックは「エコロジカル思考」と名付け、①ランダム・テスティング、②評価、③選択という三つのステップを繰り返すことだと説明しています。

とりあえずやってみようというのが①ランダム・テスティング（０や１００を入れてみる）、その結果を目指す到達点と比較するのが②評価（式の値は近づいているか）、それをもとに次のステップを決めるのが③選択（次は０と１００の間がよさそうだ）です。そしてまた①に戻り、新たなランダム・テスティングをするのです（50を入れてみよう）。

私たちの人生も、こうした手順を踏むことが、成功（あるいは自分が望む未来）への進化につながります。過去の成功体験に固執し、失敗したくないがゆえに行動をしなくなると、そもそも①のステップが踏めません。また、成功によって妙な万能感を持ってしまうと、②を怠ってしまいます。それでは、本当に目指すべきゴールに近づいているのかどうか判断できません。

　日本人の場合、成功に浸って妙な万能感を持つことはあまりないように思います。したがって後者の心配は少ないかもしれませんが、その分、ランダム・テスティングを避ける傾向があるのではないでしょうか。何事も計画通りに進めないといけないという生真面目さからか、「適当な一歩」には抵抗がありそうです。

　でも、千里の道も一歩から。この最初のステップは方向を見極めるだけなので、かなり小さいものでいいのです。と言うよりも、そもそも失敗することが前提なのだから小さいものでなければいけない、と考えてみてはどうでしょうか。

　ただし、これは厳密には失敗ではなく、未来への学びの一歩です。ちょうど、赤ちゃんの初めての一歩と同じように。

「歩く木」のような最適化戦略は、すべての生命体が持ち合わせている、生きていくための知恵です。当然、あなたにもその知恵が備わっています。だから、恐れることは何もないのです。今こそ「適当な一歩」を踏み出しましょう。

ティナ・シーリグ　Tina Seelig

スタンフォード大学医学大学院で神経科学の博士号を取得。現在、スタンフォード大学工学部教授およびスタンフォード・テクノロジー・ベンチャーズ・プログラム（STVP）のエグゼクティブ・ディレクター。米国立科学財団とSTVPが出資するエピセンター（イノベーション創出のための工学教育センター）のディレクターでもある。さらに、ハッソ・プラットナー・デザイン研究所（通称d.school）でアントレプレナーシップとイノベーションの講座を担当。工学教育での活動を評価され、2009年に権威あるゴードン賞を受賞。著書に『20歳のときに知っておきたかったこと』『未来を発明するためにいまできること』（いずれもＣＣＣメディアハウス）などがある。

高遠裕子　たかとお・ゆうこ

翻訳者。主な訳書に、ティナ・シーリグ『20歳のときに知っておきたかったこと』『未来を発明するためにいまできること』、リチャード・コッチ『新版 人生を変える80対20の法則』『80対20の法則　生活実践編』『並外れたマネジャーになる 80対20の法則』（以上ＣＣＣメディアハウス）、『心のなかの幸福のバケツ』（日本経済新聞出版社）など。

三ツ松新　みつまつ・あらた

イノベーション・コンサルタント。1967年神戸生まれ。幼少期をニューヨークで過ごす。神戸大学大学院農学研究科修了後、P&Gに入社。プロダクトマネジャーとして多くの新規商品、ブランドの立ち上げに携わる。グローバルプロジェクトにも参画、極東地域における特許出願件数歴代トップを記録した。独立後はイノヴェティカ・コンサルティング代表として、大手上場企業とベンチャー企業向けにイノベーションとクリエイティビティのコンサルティング、研修を行なう。ティナ・シーリグ『20歳のときに知っておきたかったこと』『未来を発明するためにいまできること』にも解説を執筆。

スタンフォード大学《だいがく》　夢《ゆめ》をかなえる集中講義《しゅうちゅうこうぎ》

2016年2月12日　　初版発行

著　　者　ティナ・シーリグ
訳　　者　高遠裕子

発 行 者　小林圭太
発 行 所　株式会社ＣＣＣメディアハウス
〒153-8541　東京都目黒区目黒1丁目24番12号
電話　03-5436-5721（販売）
03-5436-5735（編集）
http://books.cccmh.co.jp

印刷・製本　大日本印刷株式会社

ISBN978-4-484-16101-3